U0716788

大学生安全教育 （第二版）

DAXUESHENG ANQUAN JIAOYU

主　编：李峥嵘

编　委：张伯阳　何志军　裴　珮

　　　　常　帅　谢金凤　廖杭英

西安交通大学出版社
XI'AN JIAOTONG UNIVERSITY PRESS

图书在版编目(CIP)数据

大学生安全教育 / 李峥嵘主编. — 2 版. —西安：
西安交通大学出版社,2020.8(2023.7 重印)
ISBN 978 - 7 - 5693 - 0069 - 7

Ⅰ.①大… Ⅱ.①李… Ⅲ.①大学生—安全教育
Ⅳ.①G645.5

中国版本图书馆 CIP 数据核字(2020)第 141046 号

书 名	大学生安全教育(第二版)
主 编	李峥嵘
责任编辑	于睿哲

出版发行	西安交通大学出版社
	(西安市兴庆南路 1 号 邮政编码 710048)
网 址	http://www.xjtupress.com
电 话	(029)82668357 82667874(市场营销中心)
	(029)82668315(总编办)
传 真	(029)82668280
印 刷	西安明瑞印务有限公司

开 本	720mm×1000mm 1/16 印张 12.75 字数 190 千字
版次印次	2020 年 8 月第 2 版 2023 年 7 月第 4 次印刷
书 号	ISBN 978 - 7 - 5693 - 0069 - 7
定 价	45.00 元

如发现印装质量问题,请与本社市场营销中心联系调换。

订购热线:(029)82665248 (029)82667874
投稿热线:(029)82668284

一 前 言 一

　　光阴荏苒,时光如梭,抚今追昔,首版《大学生安全教育》正式发行已逾十三载,该书在国内高校和其他领域的销量还算可以,也产生了一定的影响力,可以说为高校学生安全教育工作尽到了一点绵薄之力。其间我们也做过修订,但随着科技的迅猛发展,社会日新月异的变化,人类生活方式和社交手段更是发生着翻天覆地的变化,大学生所面临的新的安全隐患也在不断涌现,尤其是网络信息领域的犯罪手段复杂多变,同学们受到的外围多方位多层次的侵权欺诈案件屡见不鲜,原先的安全知识读本内容与现实出现了许多不相适宜的地方。因此在西安交通大学出版社老师的再三催促之下,今年终于再次启动了改版工作。历时半年,协同几位很有思想的年轻同志完成了本次改版工作。因时间仓促,未能精益求精、仔细推敲,尚不能称其为完美作品,但相对老版而言,添加进去了当前比较突出的几个安全领域新板块,相信能对各高校的安全教育起到助推作用。笔者希望这本书能为广大青年才俊带去安全、带去幸福、带去睿智,实实在在地成为同学们求学生涯的护身符,帮助同学们顺利完成学业,走向社会,回馈家庭,回馈社会。

李峥嵘

─ 目 录 ─

消防安全篇

网络安全篇

外出安全篇

突发事件应对篇

毕业季安全篇

01

新生入校安全篇

安全,从拿到录取通知书讲起

同学们,在收到你们报考的大学所发放的"新生录取通知书"的那一刻,你的人生又将翻开一页崭新的篇章,你们未来的人生轨迹,即将在大学打下基础。

"大学是知识之所。"它不仅仅向学生传授文化知识,同时对学生进行人格的培养和思想的重塑。柏拉图认为,教育的任务在于发现和发展个人的特长,并使之与社会需求相和谐。大学生活是你进入社会开始独立人生的第一站,而这一切的前提就是做一个让家庭、学校和社会放心的学生。因此,安全是完成学业的前提保障,是自我实现的前提条件之一。作为一名高等学校学生,只有学会保护自己,获得自我的发展,将来才能为社会做出贡献。

经过改革开放的快速发展,我国的经济和社会面貌发生了翻天覆地的变化,在这个多元化的现代社会,各种各样的思想相互碰撞,各种各样的道德标准相互交错,社会在繁荣的同时亦日趋复杂化,各种犯罪活动也在暗处伺机而动。当你作别令你怀念而又相对单纯的中学校园,即将踏入大学校园的前夕,你也即将与这个纷繁复杂的社会"零距离"接触。

不过,在这个关键时刻,请你不要担心和紧张。习近平总书记说过:"时间之河川流不息,每一代青年都有自己的际遇和机缘,都要在自己所处的时代条件下谋划人生、创造历史。"历史赋予了新一代大学生艰巨的使命,你们作为国家未来的建设者和接班人,必须胸怀祖国,面对新的时代迎接新的挑战。当代大学生不仅需要具备扎实的专业知识和技能,还应该具有健全的人格和高尚的道德品质,才能承担中华民族和平崛起的历史重任。

同学们,你们是家庭的未来,更是我们国家和社会的未来,你们作为同龄人中的佼佼者,不仅承担着家庭和亲人的厚望,更承载着祖国实现现代化的宏伟目标,是祖国和社会未来的希望。从今天起,你们不仅要认真学习自己的专业知识,增强实践能力,也要对自己的健康和安全负责,逐渐接触和认识这个复杂的社会,进而融入社会,完成自己由"家庭人"向"社会人"的转变,最终成长为国家建设和发展的栋梁之材,成为社会发展进步的有用人才。

此时此刻,也许你正憧憬着自己的美好未来,也许你正规划着你美好的大学生活,但从你接到录取通知书的这一刻起,安全的风险就已伴随在你左右。如何应对即将到来的挑战? 如何安全地度过新生进校这段时期? 这一章,将重点讲解新生入校如何化解种种安全风险和挑战。

第一节　防范对准大学生的电信诈骗

电信诈骗是指通过电话、网络和短信方式,编造虚假信息,设置骗局,对受害人实施远程、非接触式诈骗,诱使受害人打款或转账的犯罪行为。随着网络信息技术的发展和进步,电信诈骗呈现出了越来越多样化的特点。近年来,国家高度重视、严厉打击各类电信诈骗犯罪活动,但相关案例仍然时常见诸报端,而且电信诈骗的方式和手段愈加隐蔽,许多电信诈骗的行为紧跟人们关注的"热点话题",成为现阶段威胁青年学生群体最突出的安全风险类型。

对于接到录取通知书的大学新生而言,大学对他们来讲是新奇而又陌生的,类似奖学金、助学金等概念是他们在中学阶段从来没有接触过的全新领域,犯罪分子就是利用了新生的这一特点,以电信诈骗的手段实施犯罪,且屡屡得手。

案例 1

2016 年高考放榜,山东省临沂市某中学高三学生徐某以 568 分的成绩考取了南京某大学英语专业。8 月 19 日,在距开学十余天前,一个 171 开头的陌生电话打到了她妈妈李某手机上,在电话中,对方称有笔 2600 元钱的助学金要发给徐某。对方提供了姓名、学校、家庭地址等信息,徐某并未生疑,将存有学费的银行卡全额提现,存入到犯罪嫌疑人指定的助学金账号进行激活,被骗学费 9900 元。徐某在发现被骗后与其母亲到公安机关报案并做笔录,在返回途中,因为被诈骗产生的忧伤、焦虑等情绪导致心源性休克,离开了人世。

案例剖析

徐某的个人信息遭到泄露,成为她受骗致死的源头。犯罪分子杜某某在测试网站漏洞时找到并窃取了 64 万余条山东高考考生的信息,并将十万余条高考考生信息出售给犯罪分子陈某,获利一万四千余元。获得信息后,陈某雇郑某、黄某等人拨打诈骗电话,对徐某实施了精准电信诈骗,最终造成了悲剧的发生。

案例 2

大学新生任某在网上购买从重庆到南京的火车票,在搜索出来的众多条目中,他随便点进了一个火车票订票网站。之后任某确认购票订单后却被告知不能正常购买,必须重新支付,并承诺之前的票款会如数归还。任某再次填写信息支付后,发现两笔款项都被扣掉,而票依然购买失败。

案例 3

2016 年 8 月,广东省准大学生蔡某某家境贫寒,收到一条短信说她中奖 16 万元,蔡某某信以为真,先后三次将本人 9800 元学费和生活费汇给对方,发现被骗后蔡某某跳海自杀身亡。

案例剖析

以上两个案例是准大学生经常会遇到的两种非精准诈骗手段,尽管这两种诈骗方式在许多人看来已是非常低级的诈骗手段,但一旦这种手段放在处于信息闭塞状态下的准大学生身上,他们受骗上当的可能性就会成倍增加。以上两个案例都是见诸报端的极端案例,可想而知,可能还有许多准大学生在遭遇这种骗局后,因为种种原因没有被报道出来,但这种受骗上当的情况却是实实在在存在的。

那么,作为一名准大学生,该如何应对形形色色的针对大学新生的电信诈骗呢?

第一,要多看、多听、多思考。作为一名准大学生,不能再像中学阶段一样,只是学习书本上的知识,要树立向新闻媒体学习的意识,多通过报纸、电视、网络等新闻媒体了解和掌握各类新发现的诈骗案例,了解犯罪分子的作案手段,遇事多思考,才能有效避免掉入低级的诈骗陷阱。

第二,要树立财务意识。在中学阶段,同学们的关注点都在学习上,很多同学没有理财的习惯,没有树立起良好的财务意识,因此作为一名准大学生,同学们要了解和掌握基本的财务知识,举例来说,当你理解获取奖助学金是不需要缴纳"保证金"这一基本的财务原则的时候,也就不会上当受骗了。

第三,要加强同高校辅导员老师的联系。近几年,各高校为了做好对新入学学生的"无缝衔接管理",都会在录取通知书内公布学生所属班级新生辅导员的联系方式,同学们应该通过这样的官方渠道,尽早与辅导员老师取得联系,并尽可能通过电话沟通交流,在遇到自己不懂的问题时,第一时间咨询自己的辅导员老师,往往能够得到来自学校的及时指导和帮助,可以避免同学们因不了解、不熟悉相关流程而上当受骗。

第二节 报到注册：提防"热情"的陌生人

初入大学校园，是令同学们激动而兴奋的时刻，初到一个陌生的环境，各种茫然、不安的情绪和困惑的问题也都会困扰着每一个新生。面对这样的情况，有些"热情"的陌生人利用新生初到一个新环境不熟悉学校情况的特点，实施诈骗犯罪。

随着近年来各高校有针对性地加强新生报到注册期间安全管控力度，加之社会安全综合治理水平不断提升，此类针对新生的诈骗犯罪现象有所减少，但利用新生不熟悉情况、不了解环境的特点，实施其他违法行为的情况仍偶有出现，甚至有个别心怀恶意的高年级学生实施校园欺凌、经济剥削、PUA① 等违法犯罪行为，对新生群体的身心健康和人身财产安全造成了严重危害，其造成的危险不容忽视。

【案例 1】

王某考上了外省某重点大学。赴学校报到时，在火车站外，他找到了学校的迎新接待点，乘上学校迎新专车。刚上车，一名学生模样的男子主动搭讪，自称是学校学生会的成员。到校后，该男子热情地陪他办理各种手续。交费时，看着前面长长的队伍，该男子说，自己和收费老师认识，可以加塞，让小王在门外看管行李，由他代为交费。小王就把 5000 元学费交给他，结果该男子一去再也没露面。

【案例 2】

马某某(女)自己一个人来学校报到。办完入学手续，进宿舍后不久，有个女孩进来，说自己也是住这个寝室的学生。过了一会儿，马某某想出去买点东西，邀她同往，

---

① PUA，即 Pick-up Artist，源于美国，特指通过系统化学习、实践和不断自我完善情商包装自己，诱使异性与之交往，通过对异性诱骗洗脑，欺骗异性感情，达到与异性发生性关系目的的违法行为。

她说还要等着父母，于是马某某独自走了。等马某某回来后，"室友"已不知去向，她的包被翻开，包内的现金、笔记本电脑等贵重物品不见了。

案例剖析

俗话说"防人之心不可无"，对于刚刚走进社会环境的准大学生而言，识别陌生人的"善意"和"恶意"可能是他们要上的第一课。针对这一类陌生人的诈骗案件，同学们要在增强防范意识的同时，提前做好到校报到的功课。如果对自己没有信心，可以求助于家长或熟悉的亲友，也可以通过正规的渠道提前认识自己的同学或者辅导员，但切记不能轻信陌生人。

案例3

新生入学季，某学校的新生QQ群里混入了一个自称学长的人。这个人看似是毕业了很多年，在世界500强企业工作，年轻有为的中层管理者，因为惦念母校，所以回来看看，也非常热心地在群中解答新生的问题。在他的朋友圈里，他玩摄影，品咖啡，常常到国外游历，又喜欢分享粤语歌，有种男神的既视感，跟女生聊天很正能量，分享人生道理，又会说一些暧昧的话，有一些女生基于崇拜，开始动了心。此人利用这种方式，与这所学校的几名女生发展成了男女朋友，并发生了性关系。在被揭发后，受骗女生才发现他根本不是什么500强企业的中层管理者，只是一个教育培训机构的小职员，朋友圈的图都是盗来的，对于这所学校的了解都来源于他研究了几天学校贴吧里的新生攻略帖。

案例4

阿紫考上了外省的一所大学，她独自一人到学校报到的时候，认识了一个穿衣打扮看似文质彬彬的男性学长阿杰。阿杰自称作为学长，要帮学妹办理住宿手续，鞍前马后将阿紫照顾得无微不至。报到结束后，阿杰称如果以后阿紫有什么需要帮忙的，他都会倾力相助，要求添加阿紫的微信，于是二人互相加了微信。没见几次面，双方就发展成了男女朋友的关系，并在阿杰的要求下发生了性关系。阿紫和阿杰维持了很长一段时间男女朋友的关系,直到一天她不经意间看到了阿杰手机里跟别人炫耀自己PUA战果的聊天记录提到了她,才知道自己中了圈套,原来阿杰是一名"PUA学员",并同时与多名女同学维持着男女关系。

案例剖析

近几年,一些人以"谈恋爱"为幌子,通过各种违法犯罪的手段,有组织地学习所谓"恋爱速成术"欺骗异性情感的案例时有发生,甚至对当事人造成了严重的伤害。现代社会人们对两性关系有了更多的认知,但这也成了滋生违法犯罪行为的温床。一些高年级学生、社会人士专门以涉世未深的大学低年级学生或新生作为其实践"PUA技术"的对象,以上案例值得每一名大学新生尤其是女性同学警惕,要始终以严肃认真的态度对待每一段感情,切不能将谈恋爱当作儿戏。

第三节　宿舍推销:送上门的骗局

当同学们终于完成了入学报到的各项手续,迫不及待地认识了要与自己一同度过大学生涯的舍友,对即将开始的大学生活充满期待的时候,有人就会在不经意间敲响宿舍的大门,用尽各种手段只为了推销他们的商品,而且自称是"大学生活必备品"。每年新生报到期间,都会有许多同学因此上当受骗。那么,如何识破这些"送上门的骗局"呢?

案例 1

2018年9月新生报到期间,西安某高校保卫处接到多名学生报案,称在宿舍期间遇到陌生人员推销《英语学习报》,其称该报纸为"大学生必备学习读物,开学后必须人手一份"。保卫处工作人员立即将推销人员控制并带回调查。经查,所谓的《英语学习报》并不存在,只是推销人员的骗局。某公司雇用多名其他高校的学生,要求其在新生报到期间向新生进行推销,以 300~800 元不等的价格订阅,并出具了所谓的"订阅收据",但该公司从未寄出过这份报纸。

▓ 案例剖析

此类骗局利用学生不了解大学陌生环境的特点,诱导新生购买各类非必需产品,学生购买后会发现货不对或根本是一个骗局。对于新生来说,必须要树立"好货不会送上门"的意识,拒绝任何类型的上门推销活动。

案例 2

在军训期间,某大学新生小文有天不舒服,自己在寝室休息,这时有人敲寝室的门。小文开门后,对方称自己并非推销人员,并跟小文套近乎,嘘寒问暖一番后,添加了小文的微信便离开了。之后几天里,对方一直在线与小文保持沟通,双方聊天几天后,小文才知道对方是校外某 A 教会的成员,想发展小文成为他们的成员,并多次利用聊天的机会向小文灌输 A 教的教义。在小文有所动摇后,对方要求在校内与小文见面,当面向其讲解教义,小文同意。几天后,双方在校内见面并传教时,被学校保卫部门发现,小文因情节轻微且未实际参与传教活动,学校对其进行了批评教育,未给予处分。

▓ 案例剖析

小文遇到的虽不是骗取财产的诈骗案件,却是对大学生造成的负面影响更为严重的校园宗教传播活动。

《中华人民共和国宪法》第三十六条规定:任何人不得利用宗教进行破坏社会秩序、损害公民身体健康、妨碍国家教育制度的活动。《普通高等学校学生管理规定》第四十三条规定:任何组织和个人不得在学校进行宗教活动。《宗教事务条例》第四十四条规定:禁止在宗教院校以外的学校及其他教育机构传教、举行宗教活动、成立宗教组织、设立宗教活动场所。

对于禁止校园传教,法律法规早已有了明确规定,但在每年开学季,一些非法教会采取各种卑劣手段向高校进行渗透,这种现象在重点高校尤为普遍,其不良居心昭然若揭。对于上门讲述"宗教教义"的这类人员,同学们首先要做到不要在好奇心的驱使下试图去"了解",其次是在发现此类情况时,要第一时间向学校的安全保卫部门报告,因为在这些人"宗教传播"的外表下,往往潜藏着许多不可告人的秘密。

02 人身安全篇

健康平安就是福

第二章

安全是人类社会不断发展进步的基础,也是全体社会成员生存和发展的前提。人们历来关注人身安全问题,目前在大学生价值观日趋多元化的时代,高校大学生人身安全问题更是引起全社会的高度重视。新形势下,我国高校大学生经常面临各种复杂问题和危险,或是潜在的,或是明知故犯的,抑或是无知造成的,这对高校加强大学生人身安全教育提出了严峻挑战。近年来,我国一直强调大学生安全教育问题,这不仅是为社会主义现代化建设事业培养优秀人才的保障,也是贯彻教育方针的基本要求。

大学生的人身安全是指个人的生命、健康、行动等与人的身体直接相关方面平安康健,不受到威胁、不出事故、没有危险。人身伤害根据造成损害的原因的不同,分为四个类型:①自然灾害造成的人身伤害,如火山爆发、台风、飓风、地震、森林大火、水灾、雷击、海啸等;②意外事故造成的人身伤害,如运动损伤、溺水、烧(烫)伤、化学物质灼伤、触电、爆炸等;③人为因素造成的人身伤害,如打架斗殴、食物中毒、传染病等;④不法侵害造成的人身伤害,如抢劫、滋扰、传销、性侵害等。人身安全是大学生赖以生存和完成学业的首要条件,是最根本的安全。大学生的人身安全关乎千家万户,关乎整个社会,全社会都投入了关注的目光。

本章主要阐述人为原因和不法侵害对大学生造成的人身和精神上的伤害,以及如何防范人身伤害,最大限度地避免人身伤害,确保大学生的人身安全。

第一节　合理应对人际交往中的纠纷

大学生人际交往能力,是指大学生之间以及大学生与其他人之间传递信息、交流思想、表达感情、了解需要,并运用语言符号来实现心理沟通的能力。在大学校园里,同学之间生活上的相互照顾,学习上的相互帮助,活动中的相互支持,感情上的相互交流,师生间的教学相长,都需要有一个良好的思想、行为、情感的沟通。一个不善于交际,没有正常人际交往的人,就会在自己与社会、与他人之间筑起一道心理屏障,把自己与他人和集体分离开来。这必然妨碍个人的全面发展,甚至影响自己的一生。因此,大学生要努力把握人际交往的特点、功能和成功交往的基本原则,不断提高自己的人际交往能力,熟悉人际交往艺术,善于与各种类型的同学交朋友,学会与各种群体和组织打交道,才能促使自己健康成长。

一、当代大学生人际交往中存在的问题

当代大学生具有思想活跃、崇尚自由、兴趣广泛、勇于接受挑战、竞争意识和独立意识较强的个性特点,在生活中希望被人接纳和认可。当代大学生的亲密人群以同学和朋友为主体,愿意与同学和朋友分享情绪,倾诉交流,但同时他们自我中心感强烈,不会控制负面情绪,追求独立却难以摆脱对家庭的依赖,张扬个性有时却显得叛逆,乐于助人但又常常显得缺乏责任心。其存在的主要问题是:

1. 信息网络生活虚化了大学生的人际交往

在信息网络时代,生活网络化已经成为当代大学生的新特征。网络聊天已经成为"90后""00后"大学生构建人际关系的主要方式,在公共场所经常可以看到面对面用微信、QQ 等发信息的大学生。虚拟的网络空间为大学生多种角色的扮演提供了可能,产生了"网络新生活方式""一键式人际关系",大学生们更爱使用在线聊天软件和 APP 等交换意见,共享生活。但是,由于大学生对网络缺乏自控能力,容易沉溺于网络虚拟的优越感与成就感中,产生心理上的依赖,迷失"现实角色"并使得正常的人际交往得不到保障。大学生所乐于"发朋友圈""晒生活"的网络交流方式虽然为大学生人际交往提供了相对充足的信息交流的机会,但是相较于现实中人与人之间的"面对面"信息交流,网络传递的信息缺乏情感性,使大学生离开网络就无话可说,无题可想,进而导致人际关系的恶化,表现为他们成为"网络上很活跃,现实中很内向"的人际矛盾体。对网络的依赖减少了当代大学生在现实中与人交往的机会,容易导致现实中人际关系的淡漠,造成现实中人际交往的障碍。

2. 独生子女特点"宅化"了大学生的人际交往

当代大学生大多数是独生子女,他们在成长过程中生活环境的单一性,交往群体的限制性,使他们在社会生活中缺乏人际关系的相关训练环境,表现为难以处理人际关系和融入社会生活,以致逐渐形成了较强的个人情感意识和兴趣意识,变得越来越厌烦和现实中的人交往,尤其缺乏和长辈的必要的交流和沟通。面临社会交往的困难,一些大学生越来越依赖互联网上的社群认同感,越来越爱生活在自己所感兴趣的小圈子里,导致了"宅化"的快速流行,产生了"宅男""宅女"现象。调查表明:73% 的大学生在业余时间喜欢待在家里沉迷于自己的兴趣爱好中,睡觉、上网、叫外卖构成了他们生活的主旋律,他们完全生活在一个相对孤立的生活环境中,容易形成孤僻、焦虑、情感淡漠等负面情绪。

3. 学校教育环境,弱化了大学生的人际交往

学校教育环境对当代大学生的人际交往有着重要的影响。高中阶段的教育往往重视学生学业成绩的提高,而忽视学生的健康心理、综合素质、适应能力等方面的培

养,使得学生在人际交往方面以自我为中心,对自我缺乏客观的认知和评价,更缺乏人际交往的技能技巧。当进入大学生活后,大学生所处的生活环境、学习方式和思维观念等有了显著变化,很多大学生感到升入大学后没有人引导他们该做什么,他们也不知道自己喜欢什么。对于该怎么选择今后的生活,他们也感到迷惘与困惑。调查发现82%的大学生存在人际交往障碍,主要表现为对社会生活的不自信和恐惧,对个人交往能力和他人信任度的缺失;75%的大学生在宿舍人际交往中遇到问题,其中女生问题尤为严重,主要表现为自我中心意识较强,凡事优先考虑自己的利益和需求,往往不善于站在同伴的角度感受和思考问题。

二、当代大学生建立良好人际关系的策略

所谓人际关系是群体成员在共同活动的基础上,通过各种不同方式的交往发生的关系。人际关系是受个体人格特点调节,并与满足和不满意状态相伴随的心理关系。人际关系的好坏是一个人社会适应能力高低的体现。

1. 注重当代大学生的网络心理教育,促进其交往心理的健康发展

关注学生心理健康。要加强对大学生上网心理、网络人际交往的心理特征、网络性心理障碍等网络心理问题的研究,培养大学生正确认识自己和评价自我的能力、人际交往能力以及角色适应和扮演能力,学会正确地处理网络世界和现实社会的各种关系。在学校里全面开展各种形式的心理咨询和辅导。要进一步做好大学生心理咨询室和心理档案的建设工作,在充分利用传统的门诊、电话、信函、现场等咨询方式的同时,大力开展网上心理咨询,引导大学生学会调整不良交际情感,提升大学生的情感境界,维护其心理健康。要特别关注有网络问题的学生,学校心理健康中心应加强对有网络问题的学生的心理辅导和帮助,对个别陷入网络太深的学生,应注意采用个别辅导的方式对其进行循序渐进的心理疏导、治疗。在对学生进行心理疏导前,必须充分了解原因,对症下药。辅导员要认真倾听学生的诉说,通过谈话交流了解学生的心理活动情况,当学生能够把自己沉迷于网络的原因诉说出来的时候,他也会对自己上网

的行为有所醒悟。学生倾诉的过程也是自我醒悟、自我教育的过程。对已经产生网络成瘾综合征、情感冷漠症等严重问题的大学生,则应请专家做行为治疗,必要时配合适当的药物控制,避免产生更大的生理和心理上的伤害。加强校园网络的监督与管理是干预大学生网络成瘾的有效措施。一方面,利用技术手段,在网关处对非法数据包(如游戏网站、色情网站、暴力网站以及反动网站发送的数据包或者从这些网站接收的数据包)进行屏蔽,不断净化网络环境,对访问非法网站的计算机进行准确定位,加强对大学生浏览网络信息的监管,对浏览、观看、传播不健康信息的学生进行警告,视情节严重程度给予相应的纪律处分。另一方面,学校要出台校园网络管理相关规定,倡议低年级学生在学习基础课阶段不要购买电脑,引导高年级学生合理、文明使用网络,增强大学生上网的法制意识、责任意识和安全意识,规范网络秩序,严肃网络纪律。

2. 开展当代大学生团体素质拓展训练,促进其人格的健康发展

拓展训练是全球规模最大和历史最悠久的户外体验式教学模式。素质拓展训练在 20 世纪 90 年代初进入我国,主要应用于对企业员工的培训。素质拓展是对人的一种体验式培训和锻炼,是对人的思想、心理、意志、品质、能力、身体以及顽强精神的一种磨炼和考验。同时,也是对人的合作精神、团队意识、临场经验的模拟和训练。现代素质拓展是将传统场地拓展训练与生存体验相结合,以“做中学”为中心的全新体验式培训方式。其基本步骤是体验感受、分享交流和总结应用。它利用自然环境,通过精心设计的项目达到目的,全面提高受训者的人格品质、心理素质和团队精神。素质拓展训练可以使很多独生子女大学生在团队中学会沟通,学会完成任务,学会将个人目标与团队目标相融合,学会和团队成员一起体验成功的喜悦,总结失败的教训,懂得在帮助团队的同时,也是在帮助自己。这对于培养大学生的团队意识和合作精神是一种最好的方式。拓展训练不仅内容丰富而且极具实用性,融趣味性与知识性于一体,能够使大学生在挑战各种困难中提高自身的素质,在协同解决问题中增强自身的社会适应能力。例如,在“90 后”“00 后”大学生中普遍开展的军训即是典型的团体素质拓展训练,其他如班集体或学年集体开展的公益性活动等。

3. 在交往实践中引导当代大学生掌握人际交往的技能

交往实践作为人类的基本生存方式，既是近现代哲学研究的热点问题，也是教育学研究的重点问题。交往实践活动是大学生主体意识培育及发展的现实土壤。建立良好的人际关系，需要在交往实践中有意识地培养和掌握相应的人际交往技能。

寻找共同话题，主动交往。不少人怕交往是因为怕与人谈话，觉得找不到合适的话题，其实在社交场合可以使用的话题有很多。当前轰动性的社会新闻、重大的体育赛事、畅销书等公众热门话题，大家了解的概率比较大，所以容易接上话，以避免冷场，从中还能观察和了解对方的兴趣所在、知识结构乃至个性特征，并可能碰撞出其他新的话题。选择能让对方成为"专家"的话题，既可避免冷场，又能增进知识，还让对方十分有成就感和满足感。

学会积极倾听。倾听本身就等于告诉对方，他是一位值得你倾听的人，倾听所表现出的是对对方的尊重和欣赏，无形之中就会增强对方的自尊心，加深彼此的感情。

善用赞美与感谢。应该真诚地认为对方值得赞美，并注意发现对方身上值得赞美的地方，将它表达出来。赞美别人要把握一定的尺度，不能太夸张而言过其实。

学会批评与道歉。尽管人人都期望朋友之间能够观点一致，和睦相处，但有时往往事与愿违，朋友之间也会发生一些令人不愉快的矛盾冲突。因此，学会批评和道歉很有必要。

4. 加强当代大学生人际交往的管理工作

创造良好的校园文化环境。高校创建良好的校园文化环境，是加强对大学生人际交往管理的重要环节。学校要采取多种形式，积极为大学生提供更多、更有益的交往空间，丰富大学生人际交往的内容，增加交流机会，扩大交往的范围，如组织社会实践志愿者服务队、勤工俭学等社会公益活动，组建各种社团、协会、沙龙等学生团体，广泛开展文艺体育活动、科技活动和社会实践活动等。让学生有广泛的与人交往的机会，既在交往的实践中锻炼自己，又在互相帮助、互相尊重的群体氛围中协调人际关系。

建立和完善心理辅导机构。心理辅导机构的任务是提高学生的自我意识水平和自助能力，解决学生遇到的各种心理问题，提高学生的心理健康水平。高校应开设心理健康教育课程，并将其作为一门必修课，纳入学校教学计划。通过教学使学生学会正确认识大学生中常见的心理问题及其表现形式，掌握增进心理健康的方法，提高心理调适能力。要充分发挥心理咨询的作用，对有人际交往障碍的学生进行专门的心理辅导或咨询，帮助他们正确认识自己，找到问题症结，增强调适人际关系的能力。

第二节　向校园暴力说"不"

近些年来，校园暴力事件频频发生，无论是中小学还是大学，都有此类惨案的发生。校园本是教书育人的地方，却变成了令人恐慌的场所。要想遏制此类校园暴力事件的发生，首先要寻找其根源所在，进而寻找防止此类事件发生的有效措施。

一、寻找校园暴力发生的根源

校园暴力的发生不是偶然的现象，它是受到家庭、学校和社会的各种不良影响所出现的。

1. 家庭教育的缺失

学生在成长过程中所接触的第一所学校就是家庭，学生所受的家庭教育好坏将直接关系到其身心能否健康地成长。那些出现暴力行为的学生，大部分都是在缺少爱、受溺爱或有家庭暴力史等不良的家庭环境中长大的。学生生活在这样的环境中，严重影响了身心的健康成长。如那些在缺爱家庭环境中成长的学生，大多都会缺少安全感，都会有心理上的孤独和空虚，因此他们就会经常通过找茬与同学发生口角、打架等方式来寻求心理上的平衡。

2. 学校教育的失误

学校教育贯穿了学生从离开家庭到步入社会之前的整个阶段,学生能否成为德、智、体、美、劳全面发展的人才,主要还是依靠学校的教育。然而现在的学校教育往往都是把学习成绩放在首要位置,往往忽视了学生的综合素质教育。学校"以成绩论成败"的做法,导致部分学生产生了挫折感,对学校和教师产生了不满的情绪,从而影响到了学生的心理健康发展,最终导致一些学生走上施暴之路。

3. 社会的不良影响

大学生刚刚离开父母家庭,对社会充满了新奇与向往,少了父母的监管、家庭的"束缚",很容易因受到社会不良因素的影响出现极端、冲动的行为。特别是在许多网络游戏、电影作品等暴力文化的影响下,学生的暴力倾向更加突出。

二、为遏制校园暴力事件发生应采取的防范措施

校园暴力事件的发生受到了多方面因素的影响,其中最主要的影响因素来自学校、家庭和社会。那么要想防止此类事件的发生,就需要先从家庭、学校、社会着手,共同为学生打造健康快乐的生活、学习环境。

1. 加强家长与学校的沟通

家长和学校对于校园暴力事件的发生,都有着不可推卸的责任。要想更好地防止此类事件的发生,就需要家长和学校的共同努力。

家长作为学生的第一监护人,需要给予学生足够的"爱",特别是对于生活在单亲家庭中的学生,要给予更多的"爱",让他们能够深切地感受到来自家庭的温暖。但家长对学生的"爱",一定不要是放纵的溺爱,不要他们想要什么就给什么,要适当地让他们在生活中受到一些挫折;同时家长们要时刻提醒学生远离暴力游戏,拒绝看带有暴力倾向的电影、电视等,另外,一定要提醒学生们注意安全,不要沉迷于网络游戏。在学生的教育过程中,家长一定不要使用打骂等不良行为,也不要一直喋喋不休地说教;要做到经常与学生进行交流,及时地了解学生所想所需。在对学生进行教育时,家长

一定要做到以身作则,多给学生起带头的作用。

教师在学校要承担起做家长的责任,对学生多做一些了解;要做到尊重每一个学生,平等对待每一个学生,让学生生活、学习的环境充满和谐与快乐。同时,教师无论对于学生生活上还是学习上的问题,都要耐心指导和解决,特别是对于学习有困难的学生、问题生要给予多一点的关爱,与所有学生建立友好的师生关系。

另外,学校也要对学生的安保措施加强管理,要安排适当的安保人员等确保学生的人身安全。与此同时,学校要定期地给学生安排心理课程、法治讲座等,以达到学生身心健康的发展和法律意识的提高的目的。

2. 加强对社会环境的优化

学生除了会受到来自学校、家庭方面的影响,还会受到来自社会不良因素的影响。社会本身就是一个复杂的环境,对于年轻人来说有太多的诱惑,特别是现在的科技非常发达,网络信息传播得相当迅速,致使暴力文化得到了广泛的传播,因此,学生受暴力文化的影响很大。为了避免校园暴力事件的发生,社会环境也是需要引起重视的。我们需要对社会环境加强优化,特别是对学校周边的环境,更要加强治理,保证让学生生活在健康快乐的环境中。

3. 加强学生的自我保护意识

想要学生远离暴力事件,其自身的防护意识更为重要。所以,学生自己必须做好自我的保护。

首先,学生要做到慎重选择结交的朋友,不要去交一些"损友",多与品学兼优的同学交往;要确保自己不会主动与同学发生争执,发生问题要及时寻求老师的帮助;尽量不要自己一个人行走在上下学的路上,要与同学结伴同行;放学后,不要只顾贪玩在外面长时间逗留,要做到按时回家;要避免去人少、偏僻的地方等。

其次,学生在面对暴力事件时,一定要学会冷静应对,要把自身安全放在第一位。面对施暴者,学生要尽量去顺从对方的话,切记不可激怒对方;要尽量分散对方的注意力,尽可能地拖延时间;如果暴力事件发生在公共场所,要尽可能地寻找机会向周围的路人进行求救。

总之,如今频频发生的校园暴力事件,已引起了社会各界的关注,成为一个非常严重的社会问题。要想避免校园暴力事件的发生,就需要来自学校、家庭、社会等各方面的共同努力,共同为学生们营造友善、平等的环境,让学生们健康快乐地成长。

第三节　防止性骚扰和性侵害

一般认为,只要是一方通过言语或形体的有关性内容的侵犯或暗示,从而给另一方造成心理上的反感、压抑或恐慌的,都可构成性骚扰。性侵害主要是指在性方面造成的对受害人的伤害。性骚扰和性侵害是危害大学生身心健康的主要问题之一。相对而言,性骚扰和性侵害的对象常以女大学生为主,但近年来,男性大学生受到性骚扰和性侵害的情况也偶有发生。因此,大学生群体了解性骚扰和性侵害的基本情况,掌握一些基本应对方法,是很有必要的。

一、性骚扰和性侵害的主要形式

1. 暴力型性侵害

暴力型性侵害,是指犯罪人员使用暴力和野蛮的手段,如携带凶器威胁、劫持受害者,或以暴力威胁加言语恐吓,从而对受害者实施强奸、轮奸或调戏、猥亵等。暴力型性侵害的特点如下:

(1)手段残暴。当性犯罪者进行性侵害时,必然受到被害者的本能抵抗,所以很多性犯罪者往往会施行暴力而且手段野蛮和凶残,致使受害者受伤或者不敢反抗,以此来达到自己的犯罪目的。

(2)行为无耻。为达到侵害受害者的目的,犯罪者往往会不择手段,疯狂地摧残、凌辱受害者,受害者往往会因此受到身体、心理方面的重创。除身体上受伤外,部分受害者还会产生心理层面的创伤后应激障碍。

（3）群体性。个别犯罪人员采用群体性纠缠方式对女学生进行性侵害。这是因为人多势众，容易制服被害人的反抗而达到目的，还会使原来单个不敢作案的罪犯变得胆大妄为，这种团伙犯罪危害极大。

案例

某高校，一男生与女友在校园外池塘边僻静处约会、聊天。一群进城务工人员途经此处，顿生歹意，他们将男生殴打致昏，女生被其中 5 人轮奸。

（4）容易诱发其他犯罪。性犯罪的同时又常会诱发其他犯罪，如杀人灭口、聚众斗殴等恶性案件。

2. 胁迫型性侵害

胁迫型性侵害，是指利用自己的权势、地位、职务之便，对有求于自己的受害人加以利诱或威胁，从而强迫受害人与其发生非暴力型的性行为，或对受害人进行涉及性方面的暗示和骚扰。其特点如下：

（1）利用职务之便或乘人之危而迫使受害者就范。

案例 1

某公司总经理，利用高校一些女生求职心切的心理，以招聘总经理秘书为诱饵，以见习试工为手段，先后多次对 4 名前来求职的女大学生进行性骚扰。

案例 2

某大学一女学生，因计算机专业课基础差，学习跟不上，晚上常到男性任课教师家中补课。该任课教师心怀不轨，利用补课之机对该女生多次猥亵，之后发展到奸污，从而使该女生身心受到极大伤害。

（2）设置圈套,引诱受害人上钩。

案例

内蒙古某县农民修某进入沈阳,只有小学文化的他自称是外星人,有700多年的道行。他鼓吹:"地球末日就要到了,只有跟我练功才是人间唯一正道。"他利用家教、练气功等手段,以"与日月结缘,换'天缘血'"之说和假"超渡"之名,一年内连续骗奸了8名女大学生,并骗取人民币3万多元。修某的骗术粗鄙,荒诞无稽,幼稚可笑,但却能将一群清纯靓丽的女大学生欺骗,虽然难以置信,却又是事实。

（3）利用过错或隐私要挟受害人。

案例

某高校一女生,由于交友心切,不慎与毕业班的一名男生谈上恋爱并发生了性关系。后因发现该男生性情暴躁,心胸狭窄,遂提出分手。男生死活也不愿意,并以曾发生过性关系,拍下裸照相威胁,扬言"如果断绝关系,便公开此事"。后来,该女生一直是在悔恨和担惊受怕的心态中度过了她的大学生活。

3.社交型性侵害

社交型性侵害,是指在自己的生活圈子里发生的性侵害,与受害人约会的大多是熟人、同学、同乡,甚至是男朋友。社交型性侵害又被称为"熟人强奸""社交性强奸""沉默强奸""酒后强奸"等等。受害人身心受到伤害以后,往往出于各种考虑而不愿加以揭发。

案例

某大学外语系二年级女生,在周三举办的联谊会上与本校中文系四年级一男生相识,经过交谈,双方感到情投意合,遂约好周六晚与其他同学一起到外面去跳舞。他们如期赴约,一起跳舞、打牌、喝酒,一直闹到深夜,喝得酩酊大醉。男生心怀鬼胎主动送女生回校,女生则迷迷糊糊跟着他走,一直跟到一家饭店的客房。这时,她才意识到不安全,要离开时才发现为时已晚。

4. 诱惑型性侵害

诱惑型性侵害,是指利用受害人追求享乐、贪图钱财的心理,诱惑受害人而使其受到的性侵害。

案例

一位来自边远山区的女生,十分羡慕城市女生的时尚打扮。暑假在与同学结伴郊游时,偶遇一位派头十足的台湾人。两人各怀心事,各有所求,遂一拍即合。此后,两人频频约会,逛商店、上酒楼、过舞厅,台湾人不断买高档衣物和贵重首饰送给她。之后不久的一个晚上,台湾人将她灌醉后实施强暴。

5. 滋扰型性侵害

滋扰型性侵害的主要形式如下:一是利用靠近女性的机会,有意识地接触女性的胸部,摸捏其躯体和大腿等处,在公共汽车、商店等公共场所有意识地挤碰女性等;二是暴露生殖器等变态式性滋扰;三是向女生寻衅滋事、无理纠缠,用污言秽语进行挑逗,或者做出下流举动对女生进行调戏、侮辱,甚至发展成为集体轮奸。

二、容易遭受性骚扰、性侵害的时间和场所

1. 夏天

夏天是女大学生最容易遭受性侵害的季节。由于天气炎热,夜生活时间延长,外出机会增多。夏季校园内绿树成荫,罪犯作案后容易藏身或逃脱,同时,由于夏季气温比较高,女生衣着单薄,裸露部分较多,因而对异性的刺激增多。

2. 夜晚

夜晚是女大学生最容易遭受性侵害的时间。因为夜间光线暗,犯罪人员作案时不容易被人发现,所以在夜间女大学生应尽量减少单独外出。

3. 公共场所和僻静处所

公共场所和僻静处所是女生容易遭受性侵害的地方。这是因为公共场所如礼堂、舞池、溜冰场、游泳池、车站、码头、河边、影院等场所人多拥挤时,不法人员常乘机骚扰女生;僻静之处如公园假山、树林深处、夹道小巷、楼顶晒台、没有路灯的街道楼边、尚未交付使用的新建筑物内、下班后的电梯内、无人居住的小屋、陋室、茅棚等,若女生单独逗留,很容易遭到性骚扰。所以女生最好不要单独行走或逗留在上述这些地方。

三、预防性骚扰和性侵害

1. 筑起思想防线,提高识别能力

大学生特别应当消除贪图小便宜的心理,对陌生人的馈赠和邀请应婉言拒绝,以免因小失大。谨慎待人处事,对于不相识的陌生人,不要随便说出自己的真实情况,对于那些特别热情的陌生人,不管是否相识都要加倍注意。一旦发现某陌生人对自己不怀好意,甚至动手动脚或有越轨行为,一定要严厉拒绝、大胆反抗,必要时向学校有关领导和保卫部门报告,以便及时加以制止,防止事态进一步发展。

2. 行为端正,态度明确

如果自己行为端正,坏人便无机可乘。如果自己态度坚决明确,对方则会打消念头,不再有任何企图。若自己态度暧昧、模棱两可,对方就会增加幻想,继续纠缠。在拒绝对方的要求时讲求策略,要讲明道理,耐心说服,一般不宜嘲笑挖苦。社交活动中与男性单独交往时,要理智地有节制地把握好自己,尤其应注意不能过量饮酒。

3 学会用法律保护自己

对于那些失去理智、纠缠不清的无赖,千万不要惧怕他们的要挟和讹诈,也不要怕他们打击、报复。要大胆揭发其阴谋或罪行,及时向领导和老师报告,学会依靠组织和运用法律武器保护自己。千万注意不能"私了","私了"的结果常会使他们得寸进尺,没完没了。

4. 女生可以学习防身术,提高自我防范的有效性

一般女性的体力均弱于男性,防身时要把握时机,出奇制胜,狠、准、快地出击其要害部位,即使不能制服对方,也可制造逃离险境的机会。人的身体各部位都可用来进行自卫

反击,头的前部和后部可用来顶、撞,拳头、手指可进行攻击,肘朝背后猛击是最强有力的反抗,用膝盖对腹股沟猛击相当有效,用脚前掌飞快踢对方胫骨、膝盖和阴部非常有效,同时要注意设法在案犯身上留下印记或痕迹,以备追查、辨认案犯时作证据。

四、如果受到性骚扰和性侵害,受害者要怎么做

(1)在公共场合发现自己受到陌生人的性骚扰时,无论对方使用的是行为还是语言,都要勇敢、大声地喝止对方,如果一味退让,会让加害者得寸进尺。

(2)受到熟人的性骚扰时,要果断、明确地制止对方,防止对方进一步加害,同时将情况向其他亲属、上级领导报告,必要时应搜集相应证据并报警。

(3)发现自己受到任何形式的性侵害时,一定要第一时间报警,受害人最好在自己近亲属或亲密朋友的陪同下到公安机关报案,配合民警调查取证。公安机关有为报案人保密的义务,受害人可以放心向公安机关求助。

(4)受害人正在遭到犯罪分子侵犯时,具有刑法规定的无限正当防卫权利,可以采取任何防卫手段制止其犯罪行为。受害人因采取防卫行为,造成不法侵害人伤亡的,属于正当防卫,不负刑事责任。

第四节　远离各类传销陷阱

传销是指组织者或者经营者发展人员,以被发展人员直接或者间接发展的人员数量或者销售业绩为依据计算和给付报酬,或者要求被发展人员以交纳一定费用为条件取得加入资格等方式牟取非法利益、扰乱经济秩序、影响社会稳定的行为。

案例 1

某年中秋节,某大学女研究生陈某,她的亲弟弟从陕西渭南打来电话,谎称自己开了商店想让姐姐去看看。陈某从渭南一下车就被传销组织控制,骗到了他们传销的集中地,强行洗脑7天。后来老师接到陈某的短信后,在学校保卫处和地方公安机关的配合下将陈某成功解救。

案例 2

2012年春节前,某大学本科女生李某被小学同学以同学聚会为由,骗到西安某传销窝点强行洗脑十几天,后来老师接到李某发来的求救短信,在学校保卫处和地方公安机关的配合下成功将其救出。当地公安机关迅速捣毁传销窝点,当即遣散传销人员20余名。

案例 3

2010年春节期间,某大学本科男生樊某、苏某两名同学被人骗到某传销窝点强行洗脑,苏某自己跑了出来,将情况向学校报告。樊某经过传销组织洗脑,已经陷入较深,开始给传销人员讲课了,并开始拉同学入伙。保卫处和地方公安机关将樊某成功解救后,樊某还不太情愿返回学校读书。

案例剖析

最近几年传销组织加强了对校园的渗透,使不少在校大学生防不胜防,纷纷中招。我们认为有以下几个原因:首先,大学生社会经验欠缺,易理解并接受传销这一新事物;其次,大学生年轻气盛,凡事都想搏一搏,这样就容易为传销组织的巧言令色所动;第三,远在外地的父母在经济上一般都会让孩子宽裕些,因此大学生在经济方面具有一定的自由支配能力;第四,大学校园具有人员密集,"劳动力资源"丰富的特点,所以一些传销组织将罪恶的目光盯向了在校大学生。

1. 传销对大学生的危害

传销有"经济邪教"之称,具有隐蔽性、欺骗性、流动性和群体性等特点,其利润主要通过"拉人头""骗取入门费""团队计酬"等方式实现,其行为扰乱经济秩序,影响社会稳定。对大学生的危害主要表现在以下四个方面:

(1)传销组织不择手段的欺诈行为使少数大学生迷失自我,对亲情、友情等社会关系和道德规范造成冲击。

(2)传销人员成分复杂,其中混入不少违法犯罪分子,极少数大学生参与其中,耳濡目染,易受其影响,甚至走上违法犯罪的道路。

(3)传销组织常采用暴力、灌输方式对参与者进行思想和身体的双重控制,使其很难脱离,造成精神和肉体上的双重折磨。

(4)近几年大学生离校出走参与传销的情况日益突出,少数大学生采取跳楼等方式脱离传销组织控制,严重危害了大学生身心健康。

2. 大学生如何识别传销

传销组织利用大学生缺乏社会经验、急功近利的弱点,夸大和美化创业的乐趣,以帮助大学生增强自信心,提升适应社会能力为手段,将大学生引入歧途。最常用的手法就是将传销和直销混为一谈。其实不管如何包装,只有符合以下三个特征就是传销:

(1)没有固定店铺,加入组织须交纳会费或购买产品;

(2)介绍其他人进来就有业绩奖金,俗称"拉人头";

(3)介绍的人越多级别越高,收入越多,还有分红等。

3. 大学生如何规避传销风险

(1)了解传销结构及危害性。传销模式实际上是一个"金字塔"的模型,处于金字塔底部的人员供养处于金字塔顶端的人员。这个传销金字塔非常不稳定,塔中任何一个环节出现问题,都会导致金字塔倒塌,其危害性前面已经陈述。

（2）对个人信息要有保密意识。对多年不联系的同学和亲戚主动邀请的聚会一定要慎重。主动联络大学生的招聘信息，同学们更要谨慎行事，不可轻易相信任何来路不明的招聘信息，也不要轻易将个人信息随便告知他人，对个人信息一定要有保密意识。

（3）增强应对传销的能力。大学生在应聘前要了解招聘单位的概况，更要掌握招聘单位的用人目的。这就需要同学们仔细辨别，询问招聘单位的产品、生产，甚至可以问一两个专业的问题来考察对方。对待网络招聘这种形式，大学生更要明辨是非，在不确定的情况下不要去招聘单位面试。

4. 被传销组织控制如何处置

（1）要克服恐惧心理，传销只是谋财，并不会害命，肯定不存在生命危险，所以要克服恐惧心理，沉着冷静，不要莽撞地与对方发生冲突。

（2）只要能坚定信念，保持清醒的头脑，任凭传销者吹得天花乱坠，就是不上当，他们也没有办法。因为传销组织是没有"免费的午餐"的，他们不可能长期白白养着一个大活人，你最后实在不做，不交钱也拉不来人，他们也会主动放人的。

（3）被传销组织控制期间想方设法记住地址或明显地理标记，将能够看到的线索，如看到的独特建筑及方位、房子门牌号、房东姓名以及停在院子里车牌号等，伺机发出来，以便解救；或者骗取信任，寻机逃离。只要我们能沉着冷静，与传销组织斗智斗勇、巧妙周旋，就能化险为夷，成功脱离险境。

第五节　花样翻新的毒品陷阱

吸毒人员的低龄化趋势已经引起社会各方的关注。特别是近些年来新型毒品发展势头迅猛，截至 2019 年底，全国滥用新型毒品人员共 67.8 万人，同比上升 37.8%，其中 35 岁以下青少年占 67.8% 。为了应对此趋势，教育部门也对在校学生开展了有针对性的毒品预防教育。当前,高校的禁毒教育多采用常规的形式:组织学生参观禁毒教育馆,请禁毒警察开设讲座,或是将禁毒教育的内容嵌入到思想政治课中。为了更有针对性地开展大学生的禁毒预防教育,本节对大学生的毒品认知、态度以及毒品易染原因进行了分析,并对如何开展大学生禁毒预防教育提出了对策和建议。

一、大学生毒品预防教育的现状

据我们的调查,大学生对毒品尤其是新型毒品的辨识、毒品的吸食方式以及毒品危害性的认识还远远不足。近十年来,毒品在青少年中的泛滥程度令人担忧,而社会上又存在着很多认知上的误区,如"吸食新型毒品不会成瘾""吸食冰毒可以减肥""冰毒可以让人变得活泼""'溜冰'是一种时尚""有钱人现在都玩这个"等。如果大学生没有对毒品形成正确的认知,这些观点就很容易先入为主,对他们造成不良影响。现实生活中就发生过多起大学生吸毒的案例,如某生在暑假同学聚会时,高中同学劝他"玩玩,不玩就落伍啦",导致其因涉毒而被拘留。在当前新型毒品向高校蔓延的情况下,政法部门、高校管理层都积极采取了相关举措,各校也都开展了形式不一的禁毒教育活动,但是有些效果却不甚理想。在对大学生的访谈中我们发现了一些原因。第一,大学生的毒品教育多是采用社团活动形式进行,不直接和学生的学业评定挂钩,使得参加毒品预防活动的总是那些对禁毒工作感兴趣的同学,这就大大削减了毒品教育的受众面,也降低了教育的整体效果。第二,大学的毒品预防教育相对静态,多是"挂条幅""摆展板""发印有禁毒标语的文具""写禁毒论文""参观禁毒馆""看一场禁毒电影"等,致使学生的参与度比较低,积极性无法被充分调动。第三,禁毒宣传教育工作没有充分利用网络媒体的优势。在调查中,发现有 87% 的同学认为他们的毒品知识来自"电视、电影和网络",仅 44.7% 的同学认为一部分毒品知识是来自老师。现今,网络的力量已经对青少年生活的方方面面产生了很大的影响,应该充分利用网络这个工具提升毒品预防教育的效果。

二、大学生毒品易染原因分析

大学生易染毒品的原因主要包括学业和就业压力,对体型不满,异性交往受挫,学习疲劳,自我不满,对毒品好奇,同伴劝诱等。国内其他学者的研究得出青少年吸毒的原因主要有好奇心理,不良的家庭环境,交友不慎以及精神空虚等。大学生易染毒品的因素中既体现出了和其他群体青少年染毒相类似的原因,如"对毒品好奇""同伴压力""异性交往受挫";同时也体现出大学生自身的特点,即学业和自我认同这两方面的压力。这就得结合大学阶段的主要任务及大学生的身心特点来看。大学生正处于青春后期和青年期,根据埃里克森的观点,大学阶段的主要问题是继续发展自我同一性和处理亲密关系问题,即处理好自己和自己的关系、自己和他人的关系。在此过程中,大学生需要对多方面的信息进行加工,整合自我角色和社会角色。若其中出现了混乱或挫折,又无法用正确的方法来应对,便会为毒品入侵大学校园提供温床。将该群体放在社会大环境来看,根据社会失范理论的解释,当前社会价值观念混乱,传统社会的约束力减弱,缺乏实现目标的途径,大学生自身角色需求模糊、矛盾,引发个体社会角色的紧张,因而借助吸毒来宣泄。另外,大学生也会受个体自身所处的吸毒亚文化群的影响。吸毒群体常采用"群体鼓动""心理诱惑""语言激将"等方式来影响群内未吸毒的个体,个体为获得群体归属感而染毒。在这里,毒品实际上是一种仪式行为,目的是希望通过此行为让该群体或群体中的权威人物认同自己。

三、易染毒品原因的性别、年级差异

易染毒品原因对不同性别、不同年级的大学生的影响存在一些差异。

在"异性关系受挫"和"同伴劝诱"情境下,男生比女生更容易沾染毒品。这主要是两方面的原因导致。①大学生开始对异性产生好感时,有些男生没有信心主动示好,或受到拒绝或在两性关系中受到挫折,他们不像女生那样可以向同伴倾诉或从其他支持途径找到宣泄的出口,压抑在内心,反而更易导致心理压力。一旦外界环境中毒品相对比较容易获得,则尝试的可能性比女生更高。②多项研究均表明,男女生在同伴团体的规模以及接受同伴团体的影响上具有性别差异性。男生的同伴团体往往是多名成员组成，而女生往往只有两三个人，这种团体构成使男生比女生面对更大的同伴压力。而且，男生比女生更容易接受同伴团体的影响。因而，在"同伴劝诱"情境下，男生出于更想融入这个团体中的原因，会作出符合该团体亚文化的行为，如吸毒，让团体成员接受他、认同他。"异性交往受挫"情境中存在年级差异：与大一和大四相比，大二和大三年级的学生在该情境中尝试毒品的可能性更高。这可能是因为不同年级的大学生面对不同的任务。大一时的中心任务主要是适应大学生活，转变学习方式；大二、大三时对环境已经非常熟悉，开始尝试建立异性关系，在此阶段会因恋爱失败、恋爱受挫或沟通相处而出现困扰；大四时异性关系的困扰又被毕业、就业、考研等生涯规划问题所替代或变得没有之前那么重要。这点可以在高校心理咨询中心的接案分析中得到印证："大一主要是咨询学习、大二大三是学习压力和情感，大四主要是诸如就业、考研等选择性问题"。所以，同学们要在关键时间关键点上提高警惕。

四、大学生毒品易染和毒品预防教育之间的关系

大学生毒品易染与毒品知晓数、毒品吸食方式数均不存在显著相关性，与知晓的毒品危害数存在显著相关性。可见，毒品知识的多少并不能预测大学生是否会进行毒品的尝试。有些人会因为了解得越多，而对毒品持拒绝的态度；而有些人会因为已经接触毒品或朋友圈中有人吸毒，而对毒品有较多的了解。所以在进行整体测量的时候，该变量受到中和，而对因变量的影响作用减弱。另一方面，认知虽然会对行为产生影响，可能还需要态度、情感等中介因素发挥作用，而毒品的危害恰恰能够引发大学生对吸毒行为的情感和态度，所以它和毒品易染之间有较为显著的关系。

五、建议

1. 激发大学生接受毒品预防教育的动机

大学生毒品预防教育的困境在于大学生没有接受毒品教育的动机。在我们的访谈中，大学生"谈毒色变"，认为这和自己的"大学生"形象不符，确定自己肯定不会走

上吸食的道路,这种认知阻断了大学生接受毒品教育的需求。这也让一些管理机构放松了警惕,觉得大学生的毒品防范意识很强,不需要进行更多的宣传和教育。其实不然! 大学生对毒品的认知层面比较浅,且比较片面。一旦他人通过现身说法强调毒品的功能,如"止痛""可以让你舒服一些""冰毒可以减肥,你看,我才吸食了几次,体重已经减掉 4 斤"……这些和大学生之前的认识产生矛盾,由于对毒品的认识较浅,在群体环境下便很容易产生从众行为。所以,要想有更强的防范意识,毒品预防教育必不可少。

2. 有效缓解大学生的内在压力,提升其压力应对效果

霍尔认为,青年期是"狂暴与冲突、风暴与压力并存的阶段"。

大学生进入校园后,大学自主的学习方式、集体的生活环境都需要他们积极主动地适应;外部迅速变化的社会环境及频繁曝光的社会失范问题也给大学生带来很大冲击,使得一部分学生感到无望、空虚、失去奋斗的目标。这些无疑都会给学生带来很大的心理压力。但是压力无时无刻都是存在的,如何看待压力、缓解压力、应对压力才是解决问题的重点。就大学生的毒品预防教育的开展而言,不能脱离大学生的日常生活,而要从大学生最为关心的问题着手,联合辅导员、学生工作者、心理咨询师等,一同协助大学生培养适应能力,提升人际交往技能,加强自我认知,培养坚定意志,最终促使他们用积极的方式来应对生活中的压力。

3. 重新定义大学生在毒品预防教育中的角色

在毒品预防教育中,大学生不仅仅是毒品预防教育的对象,也是毒品预防的传递者,是一支重要的禁毒志愿者队伍。大学校园是人口密度非常高的地方,2016～2019年全国共有大学毕业生 2670 万人。如果这些学生都接受了科学的毒品预防教育,那是多么宝贵的正向传递力量! 而且从被动接受教育到主动宣传的角色转化,强化了大学生对毒品的认知,也提升了大学生的社会责任感。在此过程中,可以倡导更合理的禁毒决策的制定,重构符合人性的社会规范和文化导向,这也应该成为毒品预防教育的重要基石。

4. 运用网络的力量进行毒品预防教育

网络在毒品预防中的力量还可以进一步开拓。应该充分利用大学生常用的通信软件和网站，如微信、微博、抖音等，发布一些与毒品相关的文本、微电影、视频等。因为这些通信软件大多是即时性的，便于信息的传递；而且上面的联系人多是熟人群体，他们大多具有相同的背景、共同的经历或有共同的语言。在传递信息的过程中，信息传递者和接收者之间可以互换角色，是更为平等的信息交流过程，因而对大学生的影响更大，宣传效果也更加明显。这其实也是一种网络形式的同伴教育（Peer Education）。值得一提的是，不管是采用何种形式的毒品预防教育，都应该遵循"科学、真实、全面"的原则。中国多年来针对青少年的禁毒教育展，常常展示缴获的毒品、骨瘦如柴的吸毒者、吸毒者的尸体等。禁毒宣传的口号也很多样，如"死亡是吸毒者的朋友""摇头丸——要头丸""闻一闻，要你的命"……有研究认为这种恐吓式、说教式的宣传并不能达到理想的预防教育，相反，有可能会刺激青少年的好奇心。大学生已经具备很强的认知能力和一定的鉴别能力，在开展预防教育时，应该将吸食毒品可能产生的结果全部呈现给大学生，不夸大、不虚构，传递给他们真实、科学的信息。让他们看到毒品给人类带来药用效果的同时，也带来了很多恶果。大学生的毒品预防教育亟需有序开展，从诱发动机为起点、提升内部的抵抗力为核心、转换角色为视角以及利用网络的力量为手段这四个方面着手，既遏制毒品在大学生中的蔓延，又发挥了大学生在毒品预防中的重要作用。

第六节　遵章守法，平安出行

大学生交通安全是指大学生在校园内和校园外的道路行走、乘坐交通工具时的人身安全。只要有行人、车辆、道路这三个交通安全要素存在，就会有交通安全问题。也许只是一个小小的意外,就会造成严重后果,断送大学生美好的前程甚至鲜活的生命。

一、大学校园易发生交通事故的主要原因

随着高校改革的不断深入,高校与社会的交往越来越频繁,校园内人流量、车流量也急剧增加。高校老师拥有私家轿车的数量逐年攀升,摩托车更是普遍,学生骑自行车的很多,开车上学已不再是新闻了。校园道路建设、交通管理滞后于高校的发展。一般校园道路都比较狭窄,交叉路口没有信号灯管制,也没有专职交通管理人员管理,校园内人员居住集中,上、下课时容易形成人流、车流高峰等等原因,致使高校的交通环境日益复杂,交通事故经常发生。

二、大学生交通安全事故的主要表现形式

1. 校园内易发生的交通事故

校园内发生交通事故的主要原因是思想上麻痹和安全意识淡薄。许多大学生刚刚离开父母和家庭,缺乏社会活动经验,头脑里交通安全意识比较淡薄,有的同学在思想上还存在校园内骑车和行走肯定比公路上安全的错误认识,一旦遇到意外,发生交通事故就在所难免。校园内发生交通事故的主要形式有以下几种:

(1)注意力不集中。这是最主要的形式,表现为行人走路时边走路、边看书、边听音乐,或者左顾右盼,心不在焉。

(2)在路上进行球类活动。大学生精力旺盛,活泼好动,即使在路上行走也是蹦蹦跳跳,嬉戏打闹,甚至有时还在路上进行球类活动,更是增加了发生事故的危险。

(3)骑"飞车"。一般高校校园面积都比较大,宿舍与教室、图书馆等之间的距离比较远,所以许多大学生购买了自行车,课间或放学时骑自行车在人海中穿行是大学校园的一道风景线,但部分学生骑车技术也实在"高超",居然能把自行车骑得比汽车还快,殊不知就此埋下了祸根。

2. 校园外常见的交通事故

大学生余暇时购物、观光、访友,到市区活动。由于这些地方车流量大、行人多,各种交通标志眼花缭乱,与校园相比交通状况更加复杂,若缺乏通行经验,发生交通事故的概率会很高。有的学生公寓建在校外,每天上课、下课时在校园周边地区形成人流、车流高峰,成为大学生交通事故多发地带。大学生离校、返校、外出旅游、社会实践、寻找工作等外出活动中,乘坐各种交通工具,交通事故也时有发生,有时甚至造成群体性伤亡,教训十分惨重。

三、交通事故如何预防

1. 提高交通安全意识

不管是校内还是校外,发生交通事故最主要的原因是思想麻痹,安全意识淡薄。乘坐交通工具,应依次上下,不挤不抢。车辆行驶中不得把身体伸出窗外,乘坐长途客车、中巴车不能贪图便宜,不要乘坐车况不好的车,不要乘坐"黑巴""摩的"。乘坐火车、轮船、飞机时必须遵守车站、码头和机场的各项安全管理规定。

2. 自觉遵守交通法规

除提高交通安全意识,掌握基本的交通安全常识外,还必须自觉遵守交通法规。在道路上行走,应走人行道,无人行道时靠右边行走。走路时要集中精力,"眼观六路,耳听八方";不与机动车抢道,不突然横穿马路,翻越护栏,过街要走人行横道。不闯红灯,不进入标有"禁止行人通行""危险"等标志的地方。

四、交通事故如何处理

1. 及时报案

无论在校外还是在校内,一旦发生交通事故,首先要及时报案,以便事故的公正处理,千万不能与肇事者"私了"。若在校外发生交通事故,除及时报案外,还应该及时与学校取得联系,由学校出面处理有关事宜。

2. 保护现场

事故现场的勘察结论是划分事故责任的依据之一,若现场没有保护好,会给交通事故的处理带来困难,甚至造成"有理说不清"的情况。切记,发生交通事故后要保护好事故现场。

3. 控制肇事者

若肇事者想逃脱,一定要设法控制。自己不能控制可以发动周围的人帮忙控制,若实在无法控制也要记住肇事车辆的牌号等特征。

第七节　病从口入

食品安全问题是全球性的公共卫生问题,越来越引起全社会关注。大学生食品安全知识掌握程度及其相关行为,对其营养状况和身体健康有重要影响。食品安全关系到大学生的健康,那么大学生要如何预防食品安全问题呢?

一、应掌握食品安全的基本知识

掌握食品安全的基本知识有助于大学生更好地预防食品安全问题。大学生可以通过学校的安全教育课或者选修食品卫生与安全课获得有关食品安全的知识,或者通过网络、报刊及其他方式获取食品安全的相关知识。一般来说,大学生应掌握以下的食品安全知识:①食品的类型。要明确食品所属的类型,以便更具体地了解此类食品容易发生食品安全问题的情况。②食品安全的具体标识。大学生要认清质量安全标志、绿色食品标志和保健食品标志。③预防食品安全问题的相关措施。大学生要了解预防食品安全的措施,以便在日常生活中践行。④发生食品安全问题之后的维权知识。大学生不仅要学会预防食品安全问题,还要培养自己的维权意识,掌握维权知识。大学生可以根据《消费者权益保护法》和《食品安全法》的相关规定进行维权。

二、在日常生活中践行食品安全的理念

掌握食品安全的知识只是预防食品安全问题措施的一个方面,最主要的是,大学生要在日常生活中践行食品安全的理念,这样才能有效达到预防食品安全问题的目的。

1. 尽量在学校饭堂里就餐

有些大学生不喜欢食堂里的饭菜,就经常在外面就餐或购买外卖食品。但是相对于外面的餐厅,学校的饭堂对食品来源、安全有一套标准,工作人员也是经过培训上岗,一般很少出现食品安全问题。就算出现了问题,学校对学生的赔偿也会有保障。因此,大学生为了自己的健康着想,应尽量在学校饭堂里就餐。

2. 在外就餐和购买外卖时要选择具备食品卫生许可证和工作经营证的餐厅

在外就餐和购买外卖时一定要注意查看此餐厅是否具备食品卫生许可证和工作经营证,如不具备,就换另一家餐厅,如果你还不放心的话,还可以让餐厅老板开一张发票或保留外卖平台购买记录,证明你在此餐厅就餐,发生争议时以此为维权依据。

3. 在零售店、超市购买食品时,一定要注意食品的相关信息

即使在零售店、超市购买食品,也有可能存在食品安全问题。因此,一定要注意查看你所购买的食品的信息,一般应包括:食品生产厂家及产址,生产日期和保质期,质量安全标志,有无添加防腐剂等。

4. 选择到规范的市场购买食品

相对于不固定摊点,不规范的市场,规范的市场有一定的安全保障。因此要选择到规范的市场购买食品。买菜时还要注意菜的光泽、大小,至于肉类食品、腌制食品,也要注意其价格是否合理,食品本身是否存在问题。大学生应明白,预防食品安全问题关系其自身健康,应予以重视,并在日常生活中践行食品安全理念。大学时期是树

立健康意识、养成健康行为、增强身体素质的关键时期,大学生接受系统的食品营养与安全通识教育,并且融会贯通地应用于自身日常膳食营养与安全实践中,对于大学生改善营养状况和增进身心健康具有积极意义。

多地调查显示,大部分大学生存在饮食不当行为。兰州市的一项调查显示,坚持规律进餐的大学生比例仅占 28.8% 。无规律进餐的学生中以不坚持吃早餐的人数居多,在广西 5 所高校的 453 名调查对象中只有 18.6% 的男生和 48.1% 的女生每天都坚持吃早餐。另外,女大学生中饮食不合理的现象突出,主要表现在为了减肥过度节食,导致每日总能量摄入量明显偏低,各类营养素摄入不合理。此外,大学生中还存在"外卖族""零食族"和"夜宵族"。有学者研究表明,浙江某高校常吃零食和吃夜宵行为的大学生均超过调查总人数的 1/2 (分别占 59.9% 和 55.6%);还有相当数量的大学生经常足不出户,午餐和晚餐以外卖为主,在饮食健康和安全卫生方面实在令人担忧。而在选择食物的依据上,绝大部分大学生以食物口味或个人习惯为优先,关注食品本身营养价值的学生比例却不足总人数的 1/5。不少大学生在周边小卖部和街边小摊购买食品,购买时主要关注生产日期与保质期,很少关注食品安全标志、食品外观及产品成分。综上所述,我国大学生的饮食行为与食物消费习惯存在诸多不合理之处,表现为外卖订餐依赖过度,口味习惯优先考虑,营养平衡不甚合理,安全卫生令人担忧。究其原因,可能与食品营养与安全相关知识的普及程度不足和应用能力缺乏有关。

三、大学生对食品营养与安全的教育反响积极

近年来,中国对大学生食品营养与安全教育态度的调研报道较多,研究结果基本一致。通过对大学生的调查发现,81.5% 的大学生认为丰富自身营养知识对今后的生活与健康有益,并有 80% 的学生认为有必要开展营养知识的教育。大学生对食品安全教育普遍持积极态度,希望通过多种渠道的教育活动获取食品安全知识,改善自身行为。医学类专业学生的食品安全态度整体优于非医学类专业学生,这可能与其专业

教育背景及较多机会接触食品安全教育有关。总体而言,大学生对食品营养与安全教育持欢迎态度,学校需要切实从知识的系统性、完整性、可接受性和应用性等方面加强食品营养与安全教育。

1. 课堂通识教学

课堂教学是学生接受教育最基本和最重要的渠道。医科大学应开设"营养与食品卫生学""临床营养学"以及"现代食品安全科学"等课程,不仅要加强学生基础营养知识及食品安全的教育,还要重视临床营养方面的教育,例如与营养紧密相关的慢性病预防与治疗等专业知识。综合性大学有必要通过开设"营养与健康"以及"食品安全"等通识课程,对非专业学生进行普及教育,使大学生充分了解和掌握人体所需营养素、中国居民膳食指南、膳食宝塔以及食品污染物、食品添加剂、食品安全相关法律法规和标签标识等基础知识,帮助他们树立科学的饮食观,以科学的理论和实践来指导食品消费。

2. 校园媒介宣传

网络、电视和报纸杂志等媒体是目前中国大学生获取食品营养与安全知识的三大主要途径。随着智能手机的普及和微信的广泛使用,微信公众平台成为经验分享和知识传播的便捷途径。学校可通过创建专门的微信公众平台,定期推送均衡膳食和安全饮食相关的科普知识或分享有关营养食谱的文章,使更多学生第一时间接收到有关食品营养与安全的知识。此外,学校还可以充分利用校园广播站、校报和宣传栏等媒介来进行教育,增强广大学生科学饮食和食品安全意识,提高其风险防范能力。

3. 多形式"第二课堂"

高校学生会作为管理并服务于学生的团体,可定期举办一些校园活动来传播食品营养与安全知识。例如,举行专题讲座或专业讲堂,邀请相关领域专家进行深入浅出的讲解,加深学生们对食品营养与安全知识的理解,强化其合理膳食和食品安全意识;成立"食品营养与安全协会"等社团,组织知识竞赛或辩论赛,在促进学生主动学习食品营养与安全相关知识的同时提高学生的辩证思维及表达能力;开展"食品营养与安全教育主题月"活动,营造"人人倡导合理膳食、时时关注食品安全"的校园氛围。依据健康教育知-信-行模型理论,只有具备一定的健康知识和良好的接受教育的态度,才有可能实现健康行为的转变。在高校开展食品营养与安全的通识教育对大学生掌握科学营养知识、增强食品安全意识、转变饮食态度、改变不良饮食习惯和食品消费行为以及全面促进身心健康具有重要意义。

第八节　运动有益健康,切莫忽视安全

随着学校体育活动开展频率和强度的不断提升,如何预防、减少大学生体育伤害事故的发生的问题亟待解决。本节就大学生运动伤害与风险防控相关问题进行研讨。经调研发现,大学生体育运动伤害事故发生率较高,发生三次及以上运动伤害事故的男生多于女生;不同形式的体育运动发生体育伤害事故的概率呈显著性差异,学校组织的体育活动发生伤害的频率最低,学生个人进行课外体育活动发生伤害的频率最高;学生自身因素是造成学生体育运动伤害事故的主要原因,尤以在运动中不重视准备活动及准备活动不充分造成伤害最为多见。未来可在加强学校课外活动管理与监管、构建风险防控机制、提高风险防控意识、做好试点工作等方面加以完善。

国民体质作为国家综合国力的体现,与国家生产力水平息息相关。大学生的体质健康是国民体质的重要组成部分,直接影响着国家未来的发展。2016 年国务院办公厅印发的《关于强化学校体育促进学生身心健康全面发展的意见》提出:"以天天锻炼,健康成长,终身受益为目标,进一步推动学校体育改革发展,促进学生身心健康、体魄强健。全面提升体育教育质量,健全学生人格品质,切实发挥体育在培育和践行社会主义核心价值观、推进素质教育中的综合作用"。目前,很多高校在体育课程建设、课外群体活动、体育科学研究、场地器材等方面有了较大发展。清华大学将游泳计入体育必修课之列与学生毕业挂钩,清华大学、浙江大学相继将大学体育课程贯穿于四年的

教育之中等,充分说明体育教育逐渐引起高校的重视。随着学校体育活动开展频率和强度的不断提升,体育运动过程中的意外伤害事件引起人们的关注。意外伤害轻则可能伤害身体健康,重则可能引发猝死、残疾等,对学校体育工作及学生参与体育锻炼造成很大的影响。大学生的体质健康情况与学校的课程设置,体育设施和设备,学生的学习生活习惯、体育锻炼行为密切相关。如何预防、减少大学生体育伤害事故的发生,成为学校体育工作中亟待解决的问题。

一、问题界定

对于运动伤害的界定,教育部印发的《学生伤害事故处理办法》中将学校运动伤害定义为:"依靠国家或社会力量举办的全日制的中小学、各类中等职业学校和高等学校组织实施的校内外体育教学教育竞赛活动过程中,以及在学校对体育场馆和其他体育设施负有管理责任期间内因故意、过失或意外引发的在校学生人身损害的事故。"该定义明确了学校运动伤害发生的主要环境和原因,为调研提供了依据和指导。体育活动风险是指"学校体育运动过程中可能发生人员身体损伤的风险"。在体育运动中,由于各种不确定因素的影响,其实际结果与预期可能发生偏差,甚至发生不利事件,从而带来风险、蒙受损失、造成伤害。

1. 户外运动定义

户外运动是近几年在我国逐步开展并且发展迅猛的一种新兴的体育项目。作为一项亲近大自然、走近大自然,将旅游、休闲、拓展、竞技、探险融为一体的体育运动项目,吸引越来越多的青少年学生积极参与进来。户外运动在锻炼青少年学生的健康体魄的同时,也给了人们一种催人奋进、顽强拼搏、自强不息的精神,培养他们团结协作、互帮互信、互相关爱的品质,为他们提供一个释放学习压力,开阔自身创造力和尽情享受自然风光的机会,使他们身心愉悦、积极、乐观地参与锻炼,顺应和快速推动了素质教育的全面发展。

2. 户外运动安全教育管理

户外体育教学是学校体育教育的重要组成部分,是培养学生们德、智、体、美等全面发展的一项重要指标,尤其是高等院校体育教学更要贯彻"健康第一"的指导思想。不过,随着高校户外运动的广泛普及与推广,其安全事故与风险性呈逐年增加态势。根据调查显示:2016~2018年户外发生危险的事故达到年均上百件以上。其事故发生都有学生参与,大多是学校社团、学生和亲友组织,他们都是户外爱好者,也有一些是单独参与的户外运动。造成事故的主要原因有:户外运动安全知识缺乏、准备不够充足、安全防范做得不够、对于户外运动项目好奇和受外部环境刺激的影响等。安全事故的发生给个人和家人带来沉重伤害,给教师和学校带来了严重的声誉威胁,学校高度重视,不得不重新审视户外运动课程安全教育。

3. 户外运动的不安全因素

户外运动中存在诸多不确定的不安全因素,其中最常见的就是对运动项目及器械的了解不够,天气变化,准备活动不充分,地理地貌场地环境没有深入了解等。尤其是山路,由于天气的突变所导致的刮风下雨、道路湿滑、山崩、滑坠等事故时有发生,在江河附近的溺水,天气炎热所导致的缺水、中暑等事故屡见不鲜。另外,由于户外运动活动范围一般都远离城区,一时不能马上送往医疗机构及时就医,因此,危险因素极大。这就需要参与者要了解一些基本的医疗急救常识,这对户外运动爱好者来说是非常必要的。户外运动场地复杂多变,因此对爱好者自身的体能有着极高的要求,在每项近乎极限性的比赛或运动中,消耗着爱好者巨大的体能,这就要求参与者必须有良好的身体素质做支撑。如果体能处于不佳状态或出现伤病等情况,对于参与者来说是非常危险的,在特殊情况下的比赛或活动中如高原地区,那么就会有缺氧、脱水、体力透支等情况发生,也可能会造成一些其他病症的发生。因此,对于户外运动的爱好者来说,除了平时注意身体上的锻炼外,还应该多了解一些户外运动的基本常识,以减少或避免因户外运动不利因素给自身带来不必要的伤害。特别是发生地理环境灾害时,主要包括泥石流、落石、冰崩、山洪等,这些危险因素一旦发生,具有极强的危险性和破坏性,在户外运动中,这些危险因素务必要引起参加者的高度重视,一旦发生,其结果是无法挽回的。

二、解决对策

1. 加强对高校户外运动风险的认识

伴随着当今社会的快速发展,人们的社会压力也越来越大,大学生也是,也要承担家庭、社会、学校等各方面的压力。户外运动的新鲜刺激等在一定程度上符合大学释放压力的需求,所以受到了广大学生的喜爱,他们热爱到大自然中去体验和冒险以释放压力,但是这个过程充满很多不确定因素,有些户外运动可以说危机四伏,故发生户外运动事故也有其必然性。高校大学生容易低估户外运动的风险,对自己的知识能力过度自信且缺乏团队精神,对困难缺乏认识,更没有丰富经验人员的指导。出现了意外事故时,他们一般都是低调处理,以免对自己产生影响,出现大的事故后学校也往往低调处理以减少对学校的负面影响,使相关的教师、学者、管理部门不能全面了解,不能有效制定预防方案。

2. 加强对高校户外运动事故责任追究

为保证户外运动能够在高校更好发展,要牢固树立"健康第一"和"安全第一"的指导思想,务必加强学校体育教育安全工作管理,更好地完成各项教学任务,有效地预防和制止学校体育和群体活动伤害事故的发生,保护体育教师的合法权益,分清责任,对于事故中责任划分要明确,是谁的责任就追究谁,增强预防体育伤害事故发生的能力。

3. 建立安全保障制度

学生在体育课堂或活动中,因准备活动不当或不充分造成的事故时有发生,轻则擦伤、挫伤、关节损伤、拉伤、肌肉抽筋、呼吸紊乱,重则造成骨折、严重休克甚至丧失生命。伤害事故一般发生在特殊天气时,多为户外运动等项目。为在户外运动中有效地预防各类伤害事故的发生,保护广大学生的生命安全,制定详实的安全应急预案和安全保障制度显得尤其重要。

4. 增强安全防范意识

随着人们法律意识的不断提高和校园伤害事故的频频出现,体育课堂教学的安全成为师生关心的头等大事,尤其是户外运动项目。调查显示,在已开设户外运动项目的高校中,所有体育教师都认为安全问题是影响户外运动课的重要因素之一。通过调查了解到,在未开设户外运动课的高校中,安全因素也占有相当大的比例。其实,相对于其他对抗强烈的运动项目,有些户外运动并非是一项危险的运动,相反,由于其对团队精神的培养,这些运动促进了同学间互相帮助、团结信任。因此,在实施教学的过程中,要加强师生责任心和安全防范的教育,在每次教学活动中,组织者和参与者必须明确活动日程、场地环境、参加者的身体情况,防患于未然,确保教学安全,并做好安全工作应急处理预案。

户外运动的安全事故是学校体育教学的大问题,我们应当高度重视。在现有条件下,要制定切实可行的管理办法,严密组织,加强安全措施防范,注重安全教育,定期做户外运动风险评估,对风险评估中存在的问题进行整改;要加强对学生安全意识与危险认知能力的培养,平时多做安全教育,保证户外运动安全、有效和顺利开展。

03

心理安全篇

平安人生，从"心"开始

　　随着社会经济的快速发展，信息获取渠道的多样化和思维方式的变更，生活和工作节奏日益加快，人们的竞争压力不断增大，在工作、学习、生活、人际关系和自我意识等方面可能遇到心理失衡现象。世界卫生组织心理专家指出，21世纪人们面临的最严重的健康问题之一就是心理疾病，心理疾病将严重地影响到人们的健康。习近平总书记指出："加强社会心理服务体系建设，培育自尊自信、理性平和、积极向上的社会心态。"而大学生群体心理发展尚未稳定，在学业、生活、情感、就业多重压力下，心理上的矛盾冲突尤为突出，心理健康问题逐渐暴露出来，而且越来越严重。如何衡量心理健康，如何增强大学生心理素质，提高自身应对心理困扰的能力，争取身心健康，是关系到成才与否的头等大事。

第一节　重视心理健康

一、心理健康

1. 心理健康的起源与发展

最早采用"心理健康"概念的是英国的克劳斯顿博士，他在于 1906 年出版的《心理卫生》(*Mental Hygiene*) 一书中提出这一概念，但真正树立心理健康基础的是美国耶鲁大学法律系毕业的毕尔士。他曾不幸患精神病住院三年，出院后写了一本《我寻回了自己》(*A Mind That Found Itself*, 1908)。此书由心理学家推荐正式出版后，心理健康运动便在美国兴起，逐渐发展至全世界。美国心理健康运动的发展受世人注目，成立了国际心理卫生委员会，各国纷纷加入。1930 年在华盛顿召开了第一次国际心理卫生会议；1937 年在巴黎召开了第二次国际心理卫生会议；1948 年在伦敦召开了第三次国际心理卫生会议，同时改会名为"世界心理健康联盟"，隶属于联合国世界卫生组织，以后每隔两年轮流在各国召开年会。目前有 110 个会员国和地区。

1950 年，为了传播精神疾病的知识，加强对疾病的认识，同时推动心理健康保健工作的开展，成立了全球性的精神病学专业组织——世界精神病学协会（WPA）。截至 2010 年 9 月，协会拥有来自 117 个国家和地区的 135 个团体成员，拥有 20 逾万注册会员，其影响力遍布全球各地。

1951 年，第 13 届国际心理学会议举行期间，成立了国际心理科学联合会，简称国际心联（IUPsyS），其宗旨主要是交流世界各国、地区的心理学工作者的学术思想和组织有关心理学的国际会议。

1992 年，"世界精神卫生日"（又称"世界心理健康日"）由世界精神病学协会发起，时间是每年的 10 月 10 日。1991 年，尼泊尔提交了第一份关于"世界精神卫生日"活动的报告。随后的十多年里，越来越多的国家参与进来，以提高政府部门、社会各界和广大群众对精神卫生重要性和迫切性的认识,普及精神卫生知识和对精神发育障碍疾病研究的认识,分享科学有效的疾病治疗知识,消除公众的偏见。

中国心理学会创建于 1921 年,是由中国心理学工作者组成的公益性、学术性社会团体,宗旨是团结广大心理学工作者,开展学术活动,进行学术上的自由讨论,以促进我国心理科学的繁荣和发展,促进心理科学知识的普及和推广,促进心理科学人才的成长和提高。

为引导大学生关注自身的心理健康,2000 年,"5·25 全国大学生心理健康节"在北京师范大学拉开帷幕,健康节取"5·25"的谐音"我爱我",意为关爱自我的心理成长和健康。2004 年,教育部、团中央、全国学联办公室向全国大学生发出倡议,把每年的 5 月 25 日确定为全国大学生心理健康日,旨在广大学生中营造一种关注心理健康、懂得心理健康、重视心理健康的氛围,宣传大学生心理健康知识,普及建设和谐社会、和谐校园、和谐心灵的理念,为学生搭建起锻炼心理素质、提高心理承受能力的平台,全方位地加强对大学生心理健康教育,提高大学生适应环境、管理自我、学习成才、人际交往,交友恋爱、求职择业等各方面的能力。

自 20 世纪 80 年代至今,我国心理健康服务取得长足进展。从党的十七大、十八大报告的"注重人文关怀和心理疏导"到十九大报告提出"加强社会心理服务体系建设",从《精神卫生法》出台到国家 22 部委联合印发《关于加强心理健康服务的指导意见》,顶层设计强力推动系列举措落地,在全社会营造出促进心理健康的积极氛围,对国民心理健康起保护作用。研究表明,近三十年来国民心理健康水平总体呈现缓慢向好趋势[1]。同时,国内心理健康领域的研究从 20 世纪 80 年代逐渐兴起并已取得重要进展。在中国知网期刊全文数据库中,以"心理健康"为篇名进行检索,共获得近 10 万条记录。其中,对 1997 至 2016 年间 7448 篇关于大学生心理研究的 CSSCI 期刊论文以及博硕学位论文的计量结果也表明,心理健康是大学生心理研究的核心议题。

---

[1]　廖友国,连榕. 近三十年国民心理健康变迁的横断历史研究[J]. 西南大学学报(社会科学版):2019,45,(2):105-116.

2.心理健康的概念

麦灵格尔认为:"心理健康是指人们对于环境以及人们相互之间具有最高效率及快乐的适应状况。不只是要有效率,也不只是要能有满足之感,或是能愉快地接受生活的规范,而是需要三者都具备。心理健康的人应能保持平静的情绪,有敏锐的智能,适合于社会环境的行为和愉快的气质。"

《辞海》指出:个体没有心理疾病,有良好适应环境的能力,能自我了解与自我实现,并能处理所遇到的困扰,称为"心理健康"。

一般而言,心理健康概念是指个体的心理活动处于正常状态下,即认知正常、情感协调、意志健全、个性完整和适应良好,能够充分发挥自身的最大潜能,以适应生活、学习、工作和社会环境的发展与变化的需要。

3.心理健康的标准

美国心理学家马斯洛和米特尔曼中提出的心理健康十条标准被公认为是"最经典的标准":

(1)充分的安全感。

(2)充分了解自己,并对自己的能力作适当的估价。

(3)生活的目标切合实际。

(4)与现实的环境保持接触。

(5)能保持人格的完整与和谐。

(6)具有从经验中学习的能力。

(7)能保持良好的人际关系。

(8)适度的情绪表达与控制。

(9)在不违背社会规范的条件下,对个人的基本需要做恰当的满足。

(10)在不违背社会规范的条件下,能做有限的个性发挥。

对于心理健康的标准,尽管学者们看法不尽一致,但综合各家的见解,可将心理健康的表现归纳为以下几点。

（1）积极的自我观念。心理健康的人能够体验到自己的存在价值。他们了解自己的长处与短处，并对此有适当的自我评价，不过分自我炫耀，也不过于自我责备；即使对自己有不满的地方，也不妨碍其感受自己较好的一面；他们悦纳自己，同时也觉得自己能为他人所接纳。心理不健康的人则缺乏自知之明，或者自高自大，目空一切；或者只看到自己的缺点，对自己总是不满意；由于所定的目标和理想太高，主观与客观现实相距甚远，因而总是自责、自怨、自卑。例如有人会对自己说："我不如期望中漂亮，我真是一无是处。"心理健康的人则会告诉自己说："我虽然不如理想中漂亮，但我仍有不少优点，我是快乐的。"再者，心理健康的人既有遵循社会行为规范的愿望，也不会过分压抑自己，能实在而坦然地看待自己。另外，一个人自己眼中的我和别人眼中的我是否一致也是关键，二者愈趋于一致，显示心理愈健康；若不一致，则容易造成心理困扰。总之，一个心理健康的人由于有着积极的自我观念，他的"理想我"与"现实我"，"应该我"与"实际我"，"镜像我"与"真实我"之间通常是协调一致的；即使有矛盾，也不会对其心理健康构成威胁，反而有可能促进自我的发展。

（2）悦纳他人。心理健康的人乐于与人交往，既能接受自我也能接受他人、悦纳他人，认可他人存在的重要性和作用，因而也能为他人和集体所接受，人际关系融洽。在人际交往中，一个心理健康的人对他人尊重、信任、赞美、喜悦等正面态度总是多于仇恨、猜疑、嫉妒、厌恶等负面态度；他们不一定有许多的朋友，但一定是有一些与之亲近的朋友。因为朋友可以满足个人的安全与归属的需要，满足爱与被爱的需要；朋友能替自己分忧解愁，有助于心理健康。因此，良好的人际关系既反映出一个人的社交能力和悦纳他人的特质，也是心理健康的特点之一。因为他在与人交往时感到舒服自在，感到安全可靠。一个心理健康的人，其个人思想、目标、行动能融入社会要求和习俗，能重视团体需要，并能有效调控为他人所不容的欲望。

（3）面对现实。心理健康的人能够面对现实、接受现实，而不会沉湎于过去或陷入不切实际的幻想之中。他会吸取过去的经验，针对现在，策划将来；他既能重视现在，也能权衡过去、现在与未来的关系，预见即将来临的问题和困难，并事先设法加以解决。而心理不健康的人往往以幻想代替现实，没有足够的勇气去接受现实的挑战，常常抱怨自己生不逢时或责备环境不公而怨天尤人,对未来十分悲观。

在实践中,我们认为,大学生的心理健康应从以下几个方面把握:

(1)智力正常。这是大学生学习、生活与工作的基本心理条件,也是适应周围环境变化所必需的心理保证,因此衡量智力时,关键在于是否正常地、充分地发挥了效能:即有强烈的求知欲,乐于学习,能够积极参与学习活动。

(2)情绪健康。其标志是情绪稳定和心情愉快。愉快情绪多于负面情绪,乐观开朗,富有朝气,对生活充满希望;情绪较稳定,善于控制与调节自己的情绪,既能克制又能合理宣泄;情绪反应与环境相适应。

(3)意志健全。意志健全的大学生在各种活动中都有自觉的目的性,能适时地作出决定并运用切实有效的方式解决所遇到的问题,在困难和挫折面前,能采取合理的反应方式,能在行动中控制情绪和言行,而不是盲目行动、畏惧困难、顽固执拗。

(4)人格完整。人格完整就是指有健全统一的人格,即个人的所想、所说、所做都是协调一致的。具有正确的自我意识,不产生自我同一性混乱,将积极进取的人生观作为人格的核心,并以此为中心把自己的需要、目标和行动统一起来。

(5)自我评价正确。正确的自我评价乃是大学生心理健康的重要条件,大学生应能自我观察、自我认定、自我判断和自我评价,做到自知,恰如其分地认识自己,既不以自己在某些方面高于别人而自傲,也不以某些方面低于别人而自惭,能够自我悦纳,喜欢自己,接受自己,自尊、自强、自制、自爱适度,正视现实,积极进取。

(6)人际关系和谐。具体表现为:乐于与人交往,既有广泛而深厚的人际关系,又有知心朋友;在交往中保持独立而完整的人格,有自知之明,不卑不亢;能客观评价别人和自己,善取人之长补己之短,宽以待人,乐于助人,积极的交往态度多于消极态度,交往动机端正。

(7)社会适应正常。个体通过客观观察取得对现实环境的正确认识,以有效的办法应对环境中的各种困难,不退缩,还可以根据环境的特点和自我意识的情况进行协调,或改变环境适应个体需要,或改造自我适应现实环境。

(8)心理行为符合大学生的年龄特征。大学生是处于特定年龄阶段的特殊群体,大学生应具有与年龄和角色相应的心理行为特征。

第二节　关注心理问题

一、心理问题的概念与类型

心理问题不同于生理疾病,它是由人的内在精神因素准确地说是大脑中枢神经控制系统所引发的一系列问题,它会间接地改变人的性格、世界观及情绪等。

按照程度的不同,可以将个体心理问题的类型划分为三类:发展性心理问题、适应性心理问题与障碍性心理问题。

1.发展性心理问题

主要是指个体自身不能树立正确的自我认知,特别是对自我能力,自我素质方面的认知,其心理素质及心理潜能没有得到有效、全面的发展,主要体现在自负或缺乏自信,志向愿望过高或偏低,责任目标缺失等几个方面。它针对的是心理健康、身心发展正常的个体,但在发展方面仍有潜力可挖,心理素质尚待完善。

2.适应性心理问题

是指个人与环境不能取得协调一致所带来的心理困扰,针对的是身心发展正常,但带有一定的心理、行为问题的个体,或者说"在适应方面发生困难的正常人"。

3.障碍性心理问题

障碍性心理问题有时候也称"心理障碍""心理疾病"。其特征有:一是个体持久地感受到痛苦(一般以6个月为界线);二是社会功能受损,表现为人际关系糟糕,容易产生对抗甚至敌对行为;三是表现出非当地文化类型的特殊行为。

二、心理问题的等级划分

心理问题从健康状态到心理疾病状态一般可分为四个等级：健康状态、不良状态、心理障碍、心理疾病。

1. 不良状态

不良状态又称第三状态，是介于健康状态与疾病状态之间的状态。是正常人群组中常见的一种亚健康状态，它是由个人心理素质（如过于好胜、孤僻、敏感等）、生活事件（如工作压力大、晋升失败、被上司批评、婚恋挫折等）、身体不良状况（如长时间加班劳累、身体疾病）等因素所引起。它的特点是：

（1）时间短暂。此状态持续时间较短，一般在一周以内能得到缓解。

（2）损害轻微。此状态对其社会功能影响比较小，处于此类状态的人一般都能完成日常工作、学习和生活，只是感觉到的愉快感小于痛苦感，"很累""没劲""不高兴""应付"是他们常说的词汇。

（3）能自己调整。此状态者大部分通过自我调整如休息、聊天、运动、钓鱼、旅游、娱乐等放松方式能使自己的心理状态得到改善。

2. 心理障碍

心理障碍是因为个人及外界因素造成心理状态的某一方面（或几方面强迫症）发展的超前、停滞、延迟、退缩或偏离。它的特点是：

（1）不协调性。其心理活动的外在表现与其生理年龄不相称或反应方式与常人不同。如：成人表现出幼稚状态（停滞、延迟、退缩）；儿童出现成人行为（不均衡的超前发展）；对外界刺激的反应方式异常（偏离）等。

（2）针对性。处于此类状态的人往往对障碍对象（如敏感的事、物及环境等）有强烈的心理反应（包括思维及动作行为），而对非障碍对象可能表现很正常。

（3）损害较大。此状态对其社会功能影响较大，它可能使当事人不能按常人的标准完成其某项（或某几项）社会功能。如：社交焦虑（又名社交恐惧）不能完成社交活动，锐器恐怖者不敢使用刀、剪，性心理障碍者难以与异性正常交往。

（4）需求助于心理医生。此状态者大部分不能通过自我调整和非专业人员的帮助而解决根本问题。心理医生的指导是必须的。

3. 心理疾病

心理疾病是由于个人及外界因素引起个体强烈的心理反应(思维、情感、动作行为、意志)并伴有明显孤僻的躯体不适感,是大脑功能失调的外在表现。其特点是:

(1)强烈的心理反应。可出现思维判断上的失误,思维敏捷性的下降,记忆力下降,头脑粘滞感、空白感,强烈自卑感及痛苦感,缺乏精力、情绪低落成忧郁,紧张焦虑,行为失常(如重复动作,动作减少,退缩行为等),意志减退等。

(2)明显的躯体不适感。由于中枢控制系统功能失调可引起所控制人体各个系统功能失调:如影响消化系统则可出现食欲不振、腹部胀满、便秘或腹泻(或便秘腹泻交替)等症状;影响心血管系统则可出现心慌、胸闷、头晕等症状;影响到内分泌系统可出现女性月经周期改变、男性性功能障碍等。

(3)损害大。此状态之患者不能或勉强完成其社会功能,缺乏轻松、愉快的体验,痛苦感极为强烈,"哪里都不舒服""活着不如死了好"是他们真实的内心体验。

(4).需心理医生的治疗。此状态的患者一般不能通过自身调整和非心理科专业医生的治疗而康复。心理医生对此类患者的治疗一般采用心理治疗和药物治疗相结合的综合治疗手段。在治疗早期通过情绪调节药物快速调整情绪,中后期结合心理治疗解除心理障碍并通过心理训练达到社会功能的恢复并提高其心理健康水平。

特别需要指出的是,世界卫生组织召开第七十二届世界卫生大会,通过了《国际疾病分类》第十一次修订本,正式将游戏成瘾列为"精神疾病"。游戏成瘾又被称为"游戏障碍"。新版《国际疾病分类》将游戏障碍列入精神疾病范畴,并指出相关症状包括:无节制沉溺于单机或网络游戏;因过度游戏而忽略其他兴趣爱好和日常活动;明知会产生负面后果却仍沉溺于游戏等。

三、心理问题的影响

心态影响人的能力,健康的心理可以调动身体里的积极因素,将个人的能力发挥到极致，负性心理会降低人的正常的认知水平，影响能力的正常发挥。著名的"9个人试验说明"的就是这个道理。

一个教授找了九个人做试验。教授说："你们9个人要听我的指挥，走过这个弯弯曲曲的小桥，千万别掉下去。"但是他又说掉下去没有关系，底下就是一点水。9个人都听明白了，一下子哗啦啦都过去了。走过去之后，教授打开一盏黄灯，他们看到下面不仅仅是一点水，还有两条蠕动的鳄鱼。这时候教授问他们，你们谁敢走过来，他们没人敢走了。教授说："你们一定要坚强"。其中有一个颤颤巍巍的，花了两倍的时间过去，第二个人哆哆嗦嗦走到一半就不敢走了。这时教授打开了所有的灯，大家才发现，在桥和鳄鱼之间有一层网，网是黄色的，刚才在黄灯下看不清楚。大家现在不害怕了，说要知道有网我们早就过去了，几个人哗啦啦走过去了。最后还有一个人不敢走，教授问他为什么？他说担心网不够结实，他在一看到有鳄鱼的时候就产生紧张畏惧的情绪导致不敢过了。

人的情绪好比发动机，不可能永远高速运转，发动机没有油了就必须加油，情绪亦是如此。但是对于心理问题，如果不能积极进行自我调节和应对，使得负面情绪长期在心里累积，得不到正确疏导和排遣，很容易导致精神疾病，成为一颗迟早要爆炸的"定时炸弹"。

心理健康与否，在很大程度上影响着身体健康。美国科学家曾经做过实验，他们给高血压患者服用了装满淀粉的胶囊，却告诉他们是降压药，结果再次检测时，许多人的血压恢复了正常。

可以说，心理健康是身体健康的精神支柱。在日常生活里，如果一个人心里长久积压着焦虑、悲伤、郁闷等负面情绪，并把这些情绪淤堵在身体里，会严重影响到身体健康，甚至会导致各种疾病发生。所以说，长期的心理问题积压会对学生的身体和心理造成不良的后果，如果没有恰当的途径来释放不良情绪，会导致最终的危险爆发。

第三节 理性应对心理危机

一、心理保健

对于心理问题的产生,最好的措施就是防患于未然。虽然心理治疗的技术已日趋成熟,但是在确定或者需要对某人实施治疗之前,心理疾病就已经生根,并且已经对这个人的日常生活、社交生活、工作或者事业造成了破坏性的影响。因此,为了减少心理异常的发生,提高心理健康的水平,我们应当从日常的心理保健做起。

1. 讲究心理卫生

所谓心理卫生是指以积极有益的教育和措施,维护和改进人们的心理状态以适应当前发展的社会环境。

讲究心理卫生,首先要注意用脑卫生,其次,要避免或减少心理失调或精神疾患的发生。另外,要及时排除各种负面情绪。

2. 增强情绪的自我调控能力

积极调整情绪。调整情绪的中心环节,就是要培养承受这些痛苦感受的能力。通过调整情绪,将使诸如焦虑导致恐慌、沮丧导致失望等情绪的恶性循环得到控制。

3. 培养和完善健全的人格

人格是个体在长期的生活过程中形成的独特的个性心理特征,一旦形成,就具有相对的稳定性,并在个体的一切生活中显示出其区别于他人的独特性。只有具备健全的人格,才能正确地评价客观事物,采取恰当的态度,体验正常的情绪情感,做出正确的行为反应。因此,培养和完善健全的人格对于心理健康的维护具有重要的意义。

4. 积极参与社会活动,懂得寻求社会支持

积极参与社会活动,对社会活动有强烈的兴趣,并致力于社会的健康发展。并且具有与人交往的能力,必要时勇于向他人,包括社会上各种服务性机构求助,但求助时

要了解关系亲疏不同者所能提供的帮助不同。一般来说，与我们关系越近的人，往往向我们提供帮助的愿望和可能性越大，而专业人员的帮助效率则较高。懂得求助也包括善于主动寻求并听取他人的意见和忠告，借助于他人的知识、经验、思维方式，使自己摆脱困境，有人将这称之为"利用外脑"。向亲友求助时要能够体谅他人，不强人所难。

5.坚持健康的生活方式

生活方式是指人们在日常生活中所遵循的行为规范，即习惯化了的生活活动形式。健康生活方式应包括：首先，起居有常，早睡早起，保持充足的睡眠（每晚8小时左右）；其次，一日三餐，平衡膳食，每天坚持吃早餐；再次，控制体重，保持体重在正常水平；此后，适量运动，每周至少有2~3次体育锻炼；最后，不吸烟、少饮酒。

二、心理健康的评估原则

注重做好日常的心理保健是积极应对心理危机的一个重要基础，同时对心理状况的检测也必不可少，在这方面应当遵循以下几个评估原则：

1.个体心理活动要与生物学特征相符

一定的生物学特征，如在不同的年龄、性别、躯体健康状态下，会表现出不同的心理活动状况。在评判心理健康水平时，不能偏离生物学特征。

2.个体心理活动要与客观环境相符

心理是客观现实的反映，任何正常的心理活动和行为，形式或内容均应与客观环境保持协调一致，即同一性。人的心理若与外界环境失去同一性，就难以为人理解。例如，在出现幻觉的状态下，人的心理活动就不能算是正常的。

3.个体心理活动内部各成分间协调统一

一个人的认知、情感、意志行为应是一个完整和协调一致的统一体。这种完整性是确保个体具有良好社会功能和有效地进行活动的心理基础。例如，一个人遇到一件令人庆幸的事情，若没有外界压力或另有所图的话，他在感知此事的同时，应有愉快的情绪体验以及相应的表情，并以欢快的语调和行为来表达。如果此人用低沉不快的语气诉说这件令人愉快的事情,并做出痛苦的反应,那么他的心理就处于不健康的异常状态。

4. 人格的稳定性

人格(个性)是个人在长期的生活过程中形成的独特的心理特征。人格(个性)一旦形成之后就具有相对的稳定性,并在生活中显示出区别于他人的独特性。在没有发生重大变故的情况下,人格(个性)是不易改变的。如果一个爽朗、乐观、外向的人,突然变得沉闷、悲观、内向,说明他的心理和行为已经偏离了正常轨道,意味着心理活动可能出现了异常。

三、大学生常见的心理问题

以上4个评估原则同样适用于大学生群体,可以大体判断出一个人的心理健康与否。而青年人从稚嫩的高中生活跨入大学的校门,从家门到大学校园,生活环境和身心状态发生了巨大的变化,他们所处的年龄阶段又决定了其心理尚未完全成熟,面对环境的巨大变化和种种现实诱因,容易出现这样或那样的心理问题。总的来说,可以将其概括为三类:适应障碍、现实落差、人际关系不和谐。

1. 适应障碍

来自全国各地的学生汇聚在大学校园里,生活习惯和兴趣爱好不尽相同,而且与单一的高中学习环境相比,大学的学习环境更加复杂、学习方式更加独立,再加上一些学生平时已经习惯了老师的督导、家长的照顾,缺少自主学习生活经验,缺乏迅速调整自己以适应环境的能力,因此,对于突如其来的新环境一时间难以适应,容易产生适应障碍。

案例 1

小蕊来自广西的一个独生子女家庭,性格有些内向,考进了北方的一所大学,同宿舍的其他3个女生也都来自不同的地方。初到学校,南北地域上的差异,气候、饮食习惯甚至语言都不相同,让小蕊心里感到很失落。再加上高中时她只负责学习,其他事情都由父母打理,但进入大学后,所有的事情都需要自己来完成,小蕊感到有些吃不消。而宿舍里的聚会聊天,小蕊很少参与,慢慢地,其他 3 个女生常常结伴做事,小蕊显得形单影只。结果军训还没结束,小蕊就给父母打电话,哭着说想回家,不想上学了。

■ 案例剖析

这是典型的心理不适应问题,最容易出现在大一新生群体中。因为他们从以往一个熟悉的环境,突然到了一个陌生的环境,由原来依赖父母的家庭生活过渡到相对自立的集体生活,生活环境和生活方式发生巨大转变。他们要适应新的环境,适应新的朋友,这时候容易出现一些问题,会使他们感到不适应,心理上容易产生孤独感,出现想家、思念亲人等情况。

2. 现实落差

高中生经过了单调、枯燥、紧张的高中阶段,容易把大学学习生活设想得过于美好,而现实中,各种客观条件会妨碍理想的实现。另外,有些大学生在高中时期是学习尖子,但进入大学后,他们的学习成绩相对不再突出,从以前的优等生变得相对平凡。如果不能及时调整对于自身的认知,会造成心理状态的严重失衡。

案例 2

阿明高中时是学校数一数二的尖子生,性格外向开朗,高考顺利进入了一所名牌大学读电子信息专业。进入大学后,阿明还是按照高中的方法学习,却感到有些力不从心。同时他发现,优秀又勤奋的学生比比皆是,他感到前所未有的压力,督促自己更加努力,可成绩并没有和努力形成正比,只处于班级的中等水平。看着一个个优秀的同学谈笑风生,他感到内心被碾压,变得不再自信,每天情绪都很低落,性格也逐渐变得内向。

■ 案例剖析

显然阿明遇到了学业上的问题,成绩不再突出,精神状态也不复高中时的风采。

这并不是个别现象,有一部分学生高中时成绩一路领先,收获了诸多荣誉。上大学之后,强手如云,想要脱颖而出本就不太容易,所以忽然有一天让阿明这样的学生突然失去了"鹤立鸡群"的优越感,或者看到周围的人都不比自己差,这就会形成强烈的心理落差,一方面自尊心受到了伤害,另一方面很容易感到迷茫无助。

3. 人际关系不和谐

中学阶段的教育以提高学生的课业成绩为主,对社会交往能力的培育相对欠缺,往往导致学生交往能力不足,另外,一些大学生在与周围人交往时存在认知误区、情绪因素、个性缺陷等问题,使得人际关系缺乏稳定性,产生各种障碍。

案例3

徐同学,是某大学外国语学院二年级学生。该同学来自一个大城市,家境不错,进入大学后她一直都有一种优越感,认为室友不如自己。在宿舍生活的集体决策,甚至是室友的私人问题上,她常常喜欢"指点一二",因此发生过几次不小的冲突,与同学关系相当紧张。徐同学认为自己的想法都是对的,于是不断向辅导员老师反映情况。辅导员给宿舍同学做了大量思想工作,表面上矛盾有所缓和,但室友们开始逐渐疏远她,做什么事情也不叫她。同时,她和班上同学相处也很不融洽,经常独来独往,集体活动也很少参加,与同学的感情淡漠。她觉得自己没有一个能相互了解、谈得来的知心朋友,常常感到特别的孤独。

案例剖析

大学生跟高中生不一样,大学中的人际交往更为复杂、广泛,独立性和社会性也更强。同学们从五湖四海聚到一个学校,在思想观念、价值标准、生活方式、生活习惯等方面都存在着明显的差异,在遇到实际问题的时候往往容易发生冲突。尤其是青春期的大学生有着强烈的自尊和高度的归属需要,非常渴望得到周围人的认可和肯定,但徐同学总是无意识地运作"自我中心思维",丝毫不考虑室友和同学的感受,难免会出现人际关系失调等问题。

四、科学理性地看待心理危机

心理学家荣格说："你的潜意识操控着你的人生，而你却称其为命运。当潜意识被呈现，命运就被改写了。"这里的"潜意识"其实就是心理与精神状态，可见健康平和的心理精神状态的重要性。但生活不可能一帆风顺，任何一个人都有可能在某个阶段遭遇一些挫折或打击，由此产生困惑、疲惫、烦恼和痛苦等一系列心理危机。那么应该如何来看待心理危机呢？

首先，心理危机者不应该被歧视。近年来，随着心理健康教育的普及，大家对心理健康越来越重视，但对心理危机者的理性认识还需继续加强。产生心理危机，并不是一件羞耻的事情，它只是心灵的另一种表达方式，所以请不要对心理危机者表现出取笑、哄闹、歧视、疏远等态度，不必特殊看待他们或议论他们，不要要求每个人都抹掉情绪，做个面目模糊、永远微笑的人。

其次，心理危机者不应该讳疾忌医。大学生们在对待他人心理困惑的态度上比对待自己的更为理性，一旦涉及自己则表现得优柔寡断，常常存在不想说、不愿说、不敢说的"病耻感"。实际上，负面情绪本来就是人自身的一部分，当同学们发现内心存在困惑或痛苦的时候，千万不要选择回避和轻视，更不要自我封闭，而应该勇敢地与别人交流、沟通，积极地自我调节或寻求专业帮助。其实，心理危机和感冒腹泻、头疼脑热一样，是比较普遍的现象，通过积极的排解和简单的治疗就可以痊愈，没有必要刻意避讳。

生活中压力无处不在，但通过科学合理地积极应对，压力完全是可以减轻甚至消除的。对此，专家给我们两种建议：一种是问题取向的应对方式，即当事人估计压力情境以改变现存的人与环境的关系。另一种是情绪取向的应对方式，即当事人尝试减轻焦虑而不是直接处理产生焦虑的情境。每个人都会采取独特的方式来处理压力，并且通常是混合地采用上述两种应对策略。要想科学合理地运用两种策略，必须注重平日的自我训练，厚积而薄发。

1. 正确认识自我

老子曰："自知者明"。自我的发展是伴随一生的事，而正确的自我认知是发展健康的自我体验的关键。大学阶段我们一定要全面认知自我,了解自己的性格特征和兴趣爱好,体会自我的独特性,接纳自己,欣赏自己;充分认识到自己的优点与长处,有利于自己做出正确选择和树立自信;理智客观地认清自己的缺点与不足,自觉加强应对此类问题的心理建设,培养妥善处理问题的能力。自我认知是一个充满对抗、磨合、反复的过程,需要沉着冷静,在一次次的问题解决中锻炼自我意识,体验价值感、幸福感、愉快感与满足感,实现真正意义上的自我成长。

案例 1

　　梅梅从小在县城长大,父母做蔬菜买卖,家庭生活并不富裕。父母平日里起早贪黑、辛苦劳作,使得梅梅养成了懂事、能吃苦的性格,从小独立生活能力较强,好胜心也很强,学习成绩一直很优秀。高中毕业后梅梅来到了省城上大学,发现这里的情况与她在县城上中学时有很大的反差。很多学生都有手机、电脑,零食随便吃,衣服随便买,学业上马虎对付。梅梅看不惯这些同学。她相信:人只要努力,一定会得到回报。因此,无论学习多么辛苦,她都拼命努力,但心里难免有些怨气:为什么有些同学可以不用这么辛苦,却享受着更好的物质生活? 她的心里开始不平衡,甚至怪自己的父母无能。连续两周,梅梅情绪都比较低落,学习热情也有所减退。一个偶然的机会,她读到了林肯坎坷曲折的一生,深深为林肯不向命运屈服的精神所感染,也开始反思自己。自己实际上是嫉妒心在作祟,客观地看,自己的家庭条件虽然不好,但父母对自己的爱一点也不比别人少,而且一个人的未来可能会受家庭条件的影响,但不是绝对的,自己积极上进、勤奋踏实,学习成绩也很不错,应该努力奋斗去争取自己想要的,而不应该自暴自弃、妄自菲薄。梅梅想通之后,心情大为好转,学习积极性高涨,各种活动也都踊跃参与,整个人神采奕奕,生活也变得阳光快乐了。

案例剖析

　　该生因为自己和同学间的物质差距产生了负面情绪,潜意识里出现了挫败感。难能可贵的是,她能够及时审慎反思,客观、正确地评价自己,降低期望值,意识到"与其临渊羡鱼,不如退而结网",终于变消极心态为积极正能量。

（二）采取积极的调节手段

（1）生理调节

①学习放松，降低紧张。降低紧张的方法有很多，例如，在压力情境下顺其自然；暂时置之不理，让紧张逐渐消散；暂时脱离此情境寻求他人的意见；以幽默感来降低压力等等。

②坚持锻炼。这也是一种很好的调节减压方法，锻炼为体内的能量释放提供了一个很好的途径，可使身心得到放松。

③转移注意力。有时否认隐藏于压力情境中的威胁，也是一种好的应对策略。特别是当个人对情况无能为力或者置之不理也不至于造成太多损失时，否认是个有效的办法。例如，假如不好的结果发生率仅为1‰，或许忽略此情况并没有坏处，甚至幻想或自我欺骗也有助于降低焦虑。当然这也不是放之四海而皆准的原则，如果一妇女发现自己的胸部有硬块，那是绝对不能忽视的。

案例2

威子是生命科学学院的一名在读博士，外向开朗，兴趣爱好广泛，尤其热爱跑步、登山、踢足球等体育运动，每天晚上坚持跑步，每周至少踢三次球，用他的话说"出一身臭汗，爽！"但是这么豪气的威子也有软肋，那就是撰写学术论文。从最开始的确定研究方向，到制定提纲，阐释文献综述，再到开展实验，尤其是实验一遍一遍做，但得不到理想的数据，加之毕业时间又很紧张，担心毕业论文无法按期完成，威子感觉每一步都很艰难，心里十分煎熬。看着周围的同学多多少少也有这方面的心理压力，威子帅气地甩甩头发，说："没啥的，谁还能没个压力，不过我自有减压妙招。"那就是他的体育爱好！每一次他感到压力的时候，就到操场上跑步，一圈又一圈，直到跑得大汗淋漓，再也跑不动。威子说："感觉跑步是个特别好的减压方式，在跑的过程中完全放空自我，什么也不想，跑完后冲个热水澡，美美睡上一觉，第二天又是新的一天。"

案例剖析

该生作为一名博士生，科研压力大，论文难写，因为学业问题造成了很大的心理负担,可喜的是,他找到了适合自己释放压力的方法,那就是体育运动。研究表明,运动可以使人从负面心理中暂时抽离出来,将注意力转移到当下的运动中,而且运动能够让我们的身体分泌多巴胺,这是一种能够让我们感到愉快的激素,有利于赶走那些无力、悲伤的感觉,让身体和心理重新获得激情。这正是体育运动对心理健康带来的积极作用。

（2）行为调节

①时间管理。善于安排时间和利用时间可以帮助我们提高学习效率,减少压力。学会按照不同学科要求,分配和平衡时间,根据重要性合理安排时间,可以排除重压所致的疲劳感。特别是学期末考试任务繁重的时候。

②确立自己力所能及和可达到的目标。应根据自己的实际情况确立和制定自己力所能及的目标,以提高实现的概率,减少因目标过高不能实现而产生的压力。

③在学习、娱乐和社会活动中保持平衡。过多投入学习而缺乏娱乐是大学生压力的来源之一。学习中应该有张有弛,适度娱乐与休息,适当参与社会活动也是必要的。

案例3

思想政治教育专业大三学生小陶,大一学年平均成绩在中游水平,唯独英语拖后腿,总是刚刚达到及格线。大二第一学期面临英语四级考试,小陶有些心理压力,每天花大量的时间在英语学习上,学得辛苦却收效甚微,两次四级考试都未通过。小陶备受打击,心里更加焦虑,甚至害怕学习英语,所以找到辅导员"诉苦"。辅导员帮助小陶分析了英语学习中存在的问题,并动员他们班级一位英语好的同学与小陶结对学习,共同制定了英语学习计划、长期目标和阶段性小目标。在辅导员和同学的帮助下,小陶改进了英语学习方法,提高了学习效率,缩短了学习用时,按期实现了阶段性小目标,日积月累下,小陶英语有了明显进步,人也变得自信开朗起来,并在大三第一学期顺利通过了英语四级的考试。

案例剖析

小陶的表现是英语学习困难,实现不了目标要求导致焦虑恐惧。辅导员和小陶的同学帮其制定切实可行的阶段性小目标，并通过调整学习方法、合理安排学习时间，达到了事半功倍的效果，在有效提升英语学习效果的同时，帮助小陶建立了积极健康的阳光心态。

（3）认知调节

①认知评估。在严重压力状态下往往会导致认知障碍。因此事件发生后，与其让悲观的评价腐蚀我们的情绪，不如寻找一个能使自己尽快恢复心理平衡的乐观解释，因为很多时候，是我们的观念而非事实本身使我们产生困扰。

②暂时避免作重大决定。暂时将问题搁置起来，然后重新评估压力情境可以降低其威胁性。这时对问题做出新的评估可能是更加现实的，对问题的严重性也会有新的认识。

案例4

刘同学，某知名大学建筑工程管理专业大四学生，综合排名中等偏上水平，具有某国企实习经历，现在即将毕业，工作却一直悬而未决，心情烦闷。在找工作初期，刘同学希望能找到一份大城市里的好工作，先后参加了国企、科研院所、事业单位的招聘考试，但仅通过了一家事业单位的笔试，在事业单位面试中，因准备不足，过于紧张，加之竞争激烈，未被录取。在经历几次挫折后，刘同学非常沮丧，尤其看到不少同学已经签约不错的单位，非常担心自己找不到理想的工作，逐渐变得焦躁不安，经常失眠，也没有食欲。辅导员发现了刘同学的变化，主动找他谈心，他坦言"最初认为以自己的实力应该进个好单位，不能比同学差，但眼下连一个可选的好单位都没有，感觉自己很无能"，辅导员让他将困扰自己的问题全部写出来，逐条进行分析，同时让他列出自己的优势和短板，帮助他了解自己所处的情况以及失利原因，让他重新审视自己就业的初衷和对未来职业甚至生活的设想。经过连续几天的反复分析，刘同学纠正了自己的攀比心态，重新制定了切合自身实际的就业目标，自信心明显提升，最终找到了一家不错的市属企业。

案例剖析

刘同学遭遇了就业心理问题,作为一名大四毕业生,在择业时没有客观的就业认知以及对自我求职的理性思考,一味与同学攀比,同时该生也没有准确的自我定位,认为自身条件不错就理所当然得到理想的职业,在几次碰壁之后又产生自卑心理,对自身能力产生了怀疑,过度焦虑造成了精神和身体上的烦躁紧张。辅导员及时对该生进行了认知调节,帮助他重新评估就业环境、社会需求及自身条件,端正择业心理,调适就业期望值,实现了合理择业、顺利就业。

3. 实行科学的情绪管理

哲学家休谟说过,环境适合于其性情的人是幸运的,但是能够使其性情适合于任何环境的人则是更优秀的。这也正道出了情绪管理的意义,那么应该如何有效管理自身的情绪呢?

(1)情绪转移。即通过转移注意,主观上改变刺激的意义,从而变不良情绪为积极情绪。具体来说,当产生消极情绪时,不要予以过多心理暗示,要将关注点转移到自己感兴趣的事情上,比如,听听音乐、跳跳舞,打打球、跑跑步等,也可以制作一张自己的"情绪管理工具单",在纸上写下"当我＿＿＿＿＿(情绪)的时候,我会＿＿＿＿＿(健康的情绪管理方法)"。这样,一方面可以停止刺激源对自己的刺激,另一方面在新的事物中激发积极的心态,淡化不良情绪的干扰,消极情绪就被积极态度打败了。

(2)情绪宣泄。指通过排出消极情绪进行心理治疗的方法。弗洛伊德在进行临床治疗时,曾采用自由谈话法,发现患者通过尽情倾泻自己内心的隐私,吐露被压抑的消极情绪,能恢复心理机能,医治心理创伤,解除内心障碍。所以当有了不良情绪自己却又无法转移消除时,可以通过科学、安全的方法将消极情绪进行排解。比如,痛快淋漓地哭有利于快速走出伤痛和心情的低落,大声地喊叫和唱歌能直接把心中的抑郁情绪释放出来,为自己设置个"安全角落",在确保安全的基础上做击打宣泄,为不良情绪提供一个出口,也可以通过写日记的方式把事情的来龙去脉和自身感受写出来,纠结点在哪里,打算如何解决,记录过程能有效地释放积聚的消极情绪,此外,还可以寻找朋友、家人、老师进行倾诉,消减不良情绪带来的心理困扰,达到心理放松和减压作用。

(3)情绪升华。是指当一个人有负面情绪时,积极转换思维,从更深更广更高更长远的角度来看待问题,以求跳出原有的局限,用创造性的思维去解决问题,或是把精力集中到自己所追求的目标上,将消极情感引导到对人、对己、对社会都有利的方向去,使之具有建设性的意义和价值,把坏事变成好事。更为强大的是,在逆境中磨炼自己的意志,修炼自己的逆商,在失意中让自己的心灵得到沉淀,把情绪升华成追求生命意义的力量。

案例 5

阿秀,就读于武汉一所普通高校,性格外向,成绩优秀。在一次老乡聚会中,认识了另一所大学的男生陆某,被其帅气的外表和幽默的谈吐所吸引。几次见面后阿秀大方地向陆某表达了好感,两人很快确立了恋人关系。相处了近两年时间,两人因为性格原因分分合合好几次,每次分开后又因为阿秀的主动联系复合。又一次分手后,阿秀偷偷来到陆某的学校,希望给他一个惊喜,却看到他和一个女生关系暧昧,阿秀很生气地质问陆某,陆某表示这是他的新女友。阿秀无法接受陆某这么快就结交了新女友,心里更是没打算和陆某分手,所以几次打电话给陆某希望复合,但是陆某很冷淡地拒绝了她,表示两人已经结束了,也不可能再复合。阿秀感到自己坠入了痛苦的深渊,以前美好的回忆不停在脑子里闪现,她开始不舍、后悔、自责甚至愤恨,常常一个人呆坐,精神状态变得很差,更无心学习。她的好友开导她说:"你和陆某性格上就不合适,而且在一起的两年来也多是你主动,现在分开对你来说是一件好事。"阿秀好像钻进牛角尖,压根听不进去,好友又说:"你这样自我颓废,也不可能挽回他的心,反倒你要是自己振作,把自己变得更优秀,说不定他会回心转意。"阿秀听进心里,也开始振奋精神,她给自己定下一个目标,发奋学习、积极健身、踊跃参加各种学校活动。慢慢地,她在各个方面都表现得越来越突出,心态也越来越阳光稳重,她开始重新审视自己的那段恋情,认为好友分析得不无道理,她决定不再往后看,并与自己约定要考入心仪的"211"高校读研。目标确定了,阿秀就更加努力,如愿成了自己想要的样子。

案例剖析

阿秀因为失恋出现了心理问题,懊恼后悔、自暴自弃,多亏好友的及时劝解,阿秀将情绪转移到自我提升上,并在得到积极效果后,转变思维,从更宽广的视野看待失恋问题,用更高的目标要求自己,让自己的心灵得到沉淀,从而实现了情感的升华和个人的追求。

第四节 珍视生命,实现自身价值

一、生命的意义

我不去想是否能够成功/既然选择了远方/便只顾风雨兼程/我不去想能否赢得爱情/既然钟情于玫瑰/就勇敢地吐露真诚/我不去想身后会不会袭来寒风冷雨/既然目标是地平线/留给世界的只能是背影/我不去想未来是平坦还是泥泞/只要热爱生命/一切,都在意料之中。

《热爱生命》是诗人汪国真创作的一首富含励志色彩的抒情诗,以成功、爱情、奋斗和未来四大主题,提出了"热爱生命"这一严肃的人生命题。

热爱生命是每个人不可或缺的精神力量,这种强大的力量会激发我们勇敢面对困难的勇气,将会使我们在生活的追求中永远不会选择放弃,不断追寻生命的真谛。我们应该珍惜生命的每一分、每一秒,争取让有限的生命体现出无限的价值。

然而,根据世界卫生组织的数据,每年有近 80 万人自杀,平均每 40 秒就有一人死于自杀,还有更多自杀未遂者,自杀已成为全球 15~29 岁人群的第二大死因。据中国心理卫生协会危机干预委员会的数据调查显示,自杀在我国已列为第五位的死亡原因,在 15～34 岁的人群中,自杀更是成为首位死因①。

二、自杀原因

自杀者大多是由于生活中遭遇困境而产生激烈的内心冲突,陷入危机状态不能自拔,难以承受或心理异常而产生的自毁行为。从现代心理学的观点看,导致自杀的原因很复杂,与环境和个人等诸多因素有关。一般而言,人们选择自杀主要是源于以下几个因素:

(1)难以承受的压力。个体所要承受的压力过大,又无法找到适当的社会支持来疏解心中的压力。

(2)感情危机。感情危机会让人产生强烈的情绪冲动,甚至一意孤行。恶劣情绪的累积也常导致心理失衡。在一连串的感情挫败下,人会逐渐丧失信心,对自己产生怀疑,自暴自弃。

(3)不堪病痛。不堪病痛是自杀的一个很重要的原因。一些疾病或伤残无法治愈,对患者是难以忍受的折磨,因而有些患者或者不堪病痛折磨,或者不想拖累亲友而选择自杀。

(4)生活失去意义。人在孤独的时候,或因种种原因远离自己想做的事情的时候,很容易产生空虚感。巨大的情感创伤也会改变一个人的世界观和价值观,让人觉得活着没有意思。一些过于计较得失的人,在巨大损失发生以后,不能接受现实,会有任何东西都离他而去的错觉,甚至失去活下去的勇气。

(5)心理疾病。心理疾病造成自杀也是很常见的,特别是一些以持续颓丧为特征的病症,如抑郁症、精神分裂症、药物依赖等,易于导致自杀。

在上述原因中,心理疾病占比较大。国外的数据表明,在所有自杀死亡的人群当中,大概有 70% 以上的人患有抑郁症。抑郁症与自杀如影随形。"自杀意念"是抑郁症诊断手册中的主要症状之一。杨甫德(世界卫生组织心理危机预防研究与培训合作中

---

① 周郁秋.护理心理学[M].2 版.北京:人民卫生出版社,2008:148.

心主任)介绍指出,数据显示,抑郁症病人中,15%最终会自杀死亡,约70%曾经出现过自杀的想法。据中国疾病预防控制中心精神卫生中心公布的数据显示,我国比较严重的精神心理障碍患者人数超过1600万,而各类精神心理障碍人群数量在1亿人以上。对大学生而言,在新的教育体制和就业形势下,理想与现实的冲突给许多大学生带来了巨大的压力、困惑、失落甚至失望,使他们更易于遭受抑郁侵袭。

抑郁症的临床表现有如下几点:

(1)抑郁心境。这是抑郁症患者最主要的特征,轻者心情不佳、苦恼、忧伤,终日唉声叹气;重者情绪低沉、悲观、绝望,有自杀倾向。

(2)快感缺失。对日常生活的兴趣丧失,在各种娱乐或令人高兴的事情中体验不到乐趣。轻者尽量回避社交活动,重者闭门独居、疏远亲友、杜绝社交。

(3)疲劳感,无明显原因的持续疲劳感。轻者感觉自己身体疲倦,力不从心,对生活和工作丧失积极性和主动性;重者甚至连吃、喝、个人卫生都不能顾及。

(4)睡眠障碍。大多数抑郁症患者伴有睡眠障碍,不少患者通常入睡无困难,但几小时后即醒,故称为清晨失眠症、中途觉醒及末期失眠症,醒后又处于抑郁心情之中。伴有焦虑症者表现为入睡困难和噩梦多,还有少数的抑郁症患者睡眠过多,称为"多睡性抑郁"。

(5)食欲改变。表现为进食减少,体重减轻,重者则终日不思茶饭,但也有少数患者有食欲增强的现象。

(6)躯体不适,抑郁症患者普遍有躯体不适的表现。患者常检查和治疗不明原因的疼痛、疲劳、睡眠障碍、喉头及胸部的紧迫感、便秘、消化不良、肠胃胀气、心悸、气短等病症,但多数对症治疗无效。

(7)自我评价低。轻者有自卑感、无用感、无价值感;重者把自己说得一无是处,有强烈的内疚感和自责感,甚至选择自杀作为自我惩罚的途径。

(8)自杀观念和行为,是抑郁症最危险的行为。患有严重抑郁症的患者常选择自杀来摆脱自己的痛苦。

大学生抑郁症的表现形式在非专业人士眼里,与思想品德、个性、人格问题相混淆,对专科医生来说,这些症状恰恰是青少年抑郁症的特异性表现。游金潾指出,对抑郁症理性的认识,就是一场"心理的感冒"。感冒就要看医生,可能要吃药,这很正常,这种感冒一定要去看,如果不看可能会产生并发症。游金潾认为,要通过更多宣传让大学生群体对自己的疾病有一种认识,拿掉传统认知中的标签,让学生在更宽松的环境中多一些主动求助,不要等到引发更深的创伤时才暴露出来。

三、自杀信号:"山雨欲来风满楼"

自杀倾向的人通常会表现出异常的认知和行为,也就是存在一些预示自杀的征兆:

(1)情绪反常。持续的焦虑与愤怒,过度的罪恶感和羞耻感,痛恨自己,害怕失控,担心伤害自己和别人,极度悲伤等。

(2)人格改变。越发退缩、厌倦、冷漠、犹豫不决,或突然变得喧闹、多话、冲动。

(3)行为改变。如毫无原因地请人吃饭,送人钱财,赠送物品等,有时表现出无法专心做事。

(4)时常谈论生死问题。谈论或撰写有关死亡或毁灭的情节,对死亡的话题感兴趣。

(5)探望亲友。无缘无故去探望自己的亲友。

(6)遗书。

(7)与世隔绝,孤立自己。

(8)饮食起居习惯改变。睡太多或失眠,有时候会很早醒来,没有胃口或吃得过量。

四、自杀预防

1.评估自杀的危险因素

有学者提出了评估自杀危险的 4P 模式,即痛苦(pain)、计划(plan)、既往史(previoushistory)和附加情况(plus),以此评估自杀的危险因素。

(1)痛苦,指受评者本人受到了多大的伤害,其所受到的伤害是否是无法承受的。

(2)计划,指评估他是否定下了自杀的日期,是否有什么特殊的日子,自杀计划的具体内容是什么,其内容是否致命,他是否真有可能实施这个计划。

(3)既往史,指评估既往的自杀企图、重要他人的丧失、疾病、婚姻关系的破裂、身心上的创伤以及性侵犯的情况。

(4)附加情况,指评估社会支持的情况,个体抱有的希望与活下去的理由。

2. 自杀干预的概念及注意事项

自杀干预主要是针对诱发自杀发生的种种因素,采取各种干预措施。自杀干预本身是属于一种心理卫生的救助措施,主要对自杀者给予适时救援,助其渡过危机,然后再从长计议,或者视情况轻重转介有关机构接受治疗。国内的一些医疗单位设置的"生命热线"和一些社区服务机构成立的各种"自助组织"都属于自杀干预的范畴,目的是为陷入自杀的个体和群体提供及时的心理援助。

个体的自杀倾向或行为,其实也是一种沟通信息,他们的内心常常是矛盾的,如果防范处理得当,可以避免自杀悲剧的发生。在进行自杀干预时,以下几点需要特别留意:

(1)要有生命关怀的觉悟。任何人谈及对于生命的厌恶时,都应予以注意,将其视为一种求救信号。即使有些人习惯将寻死挂在嘴边或以死亡来威胁别人,也不要忽略他真会自杀的可能性。

(2)对于有重大丧失的个体,要适时给予关心和安慰,要经常向他表达并让他了解到你的关切,对他的关心每多一点,就减少一分自杀的可能。

(3)发现个体有自杀的征兆时,要信赖自己的判断,宁可反应过度,也不要麻木不仁,以免追悔莫及。至于在咨询或由日记、信函中发现有自杀倾向者,要积极约谈并建立信任关系。

(4)自杀问题的处置,往往需要家庭的参与,同时应该积极寻求专业人士的协助,不要有"家丑不可外扬"的心态。

（5）如果个体处在危机阶段，要随时陪在他的身边，并切实找出他可能自杀的原因。

（6）出于安全考虑，把可能的自杀工具拿走。

3. 积极求助于自杀热线

实际上，大多数企图自杀者并没有完全下决心要死。基于这样的发现，也是由于存在这样的事实——自杀常常是对危机的反应，人们建立了自杀热线来帮助自杀者。第一条自杀求助热线建立于 20 世纪 50 年代末。自杀热线的工作人员通常是志愿者，他们努力倾听来电话者的诉说，同时与其讨论为什么不要自杀，并告诉他们在什么地方去寻求专业的帮助。当接到电话时，工作人员首先会设法鼓励对方保持接触，建立一种信任关系，进而通过问话和简单的心理测量来评估对方自杀行为的可能性和紧迫性。如果对方不愿交谈，也要力图安慰、鼓励和说服对方平静下来，等待一下，以便寻求恰当的替代方法。

4. 特殊关爱自杀高危人群

具有自杀倾向的高危大学生，在接受学校常规心理健康课程的同时，还需要参加团体心理认知实践辅导。此外，学校应积极推进心理疏导机构的建设，加强人文关怀，减弱负面生活事件对学生心理的影响。在整个教育过程中，需要教师、家长和学生的共同参与，以便及时发现并挽救那些处于危险中的同学。

> **案例**

小哲，某普通本科学校大二学生，家庭经济条件十分优越。母亲是典型的"女强人"，在家庭中处于主导地位，对小哲寄予厚望，因为小哲高考发挥失常进入普通高校就读，母亲心有不甘，于是对小哲更加严格要求，教导小哲朝着重点大学的研究生去努力。可小哲发现大学与母亲"高压"下的高中生活完全不同，课业相对轻松，空闲时间也多，他便经常与舍友去网吧打游戏，并很快沉迷其中，常通宵达旦在网吧度过，白天上课则犯困睡觉，有时候课都不上了。慢慢地，除了网络游戏，小哲对其他任何事情都提不起兴趣，整个人变得颓废萎靡，对待同学冷漠，逃避集体活动，课程作业无法完成，甚至出现了考试挂科的情况。当母亲知道后，对小哲疾声厉色、苦口婆心地劝导，小哲心里感到对不起父母的期望，保证不再打游戏，可过一段时间他又开始玩网络游戏，玩完后心里充满负罪感，可对网络游戏又痴迷不能自拔。就这样，小哲陷入了"玩游戏—自责—继续玩游戏—更加自责"的恶性循环。在又一次的考试挂科后，小哲的心理彻底崩溃，选择了服用安眠药自杀，幸亏被舍友及时发现。现在小哲办理了休学手续，由母亲陪同在精神病院接受心理治疗。

冰心说："成功的花儿，人们只惊美它现时的明艳。然而当初它的芽儿浸透了奋斗的泪泉，洒遍了牺牲的血雨。"面对挫折，仍能以不屈的精神、坚强的微笑与之对抗，那么这样的人生是辉煌的。

阳光总在风雨后，用心去感受，生命里总有些美好。不断悦纳自己、磨练自己、砥砺自己，得到精神上的升华、意志上的磨砺、能力上的提高，不断突破"小我"，成就真正的"大我"，拥抱美好未来，实现人生价值。

04

财产安全篇

第四章 校园不是保险箱

在大学校园里,盗窃和诈骗已成为危害大学生财产安全的主要案件类型。对于大学生来讲,一定的金钱和物质资料,是其进行正常学习和生活的物质保证。校园并不是保险箱,作为一名普通的大学生,应当如何防范这些侵犯财产的违法犯罪,保护自己的人身和财产安全呢?

本章总结了多年来发生在大学校园的盗窃、诈骗案例,以实际案例告诉大学生如何防范,希望大家能从这些实际案例中受到启迪,保护好我们的财产。

第一节 那些藏匿在校园的小偷

盗窃案件是高校最多发的案件。在校园里,隐藏着不少违法犯罪嫌疑人,他们利用师生员工安全防范意识不强,在"人物分离"的情况下乘机作案,其中溜门入室、顺手牵羊占高校盗窃案件的 70% 以上,主要盗窃笔记本电脑、手机、高档自行车及现金等。

一、盗窃案件易发场所

1. 学生宿舍

学生宿舍是大学生学习生活的重要场所,也是学生存放贵重财物的地方。大学生以学习为主,学习、生活很有规律,盗窃者往往利用大家上课的时间进行盗窃。

案例

2015 年夏天,某重点高校学生王某因上课即将迟到,匆忙之间未锁宿舍门便飞奔去教室,等下课回到宿舍后发现宿舍遭盗,自己和舍友的笔记本电脑、电子设备、钱包等财物被洗劫一空。看着一片狼藉的宿舍,王某懊悔不已。

案例剖析

上面的例子警示同学们:学生宿舍相对来讲是公共场合,不要把自己的贵重物品随手放置,要妥善保管,尽量放到自己的抽屉,必要时要加锁;离开宿舍时关合窗户,随手锁门,最好反锁,不要怕麻烦。只要多一些防范意识,宿舍被盗案件就会大大降低。

2. 学生食堂

学生食堂也是高校发生盗窃案件频率较高的场所之一。嫌疑人利用同学打饭的间隙盗取钱包、电脑等财物。

案例

高校食堂用餐时学生比较集中,座位也很紧张,某同学用自己的书包占座位,书包内有钱包和手机等物品。该同学买饭回来,发现自己的钱包和手机已经不翼而飞了。

案例剖析

大学食堂是公共场所,自己的物品要妥善保管,要增强安全防范意识。重要的物品要放在自己胸前兜里,小物品最好贴身放置。书包不要脱离自己的视线范围,最好交给熟悉的同学代管,严禁人物分离,给盗窃者留下可乘之机。

3. 教室、图书馆

窗明几净的教室和图书馆是同学们看书学习的地方,但同时也是发生盗窃最多的地方之一。在教室、图书馆自习时,自身携带的物品要妥善保管,离开要将贵重物品随身携带。

案例

2018 年 11 月,西北地区某高校学生小王在教学楼自习,吃午饭时嫌电脑太重便放置在桌兜里,心想自己吃饭就一会儿工夫应该不会有风险,便安心离开教室。吃过饭返回教室发现自己桌兜的笔记本电脑被盗。

案例剖析

在教室、图书馆自习时,自身携带的物品要妥善保管,短暂离开时要将贵重物品随身携带,或交专人保管,避免人物分离,给犯罪分子可乘之机。

4. 运动场

运动的绿茵场边小偷也时常出没。同学们在运动场所锻炼时,将贵重物品放在场边无人看管,会给盗窃者留下可乘之机。

案例

2019 年 4 月 19 日晚,某高校学生李某在田径场夜跑时,将书包放在场边。锻炼结束后发现书包里的手机、钱包、平板电脑等贵重财物不翼而飞。

案例剖析

体育场也是一个公共场所,不要轻易相信不认识的人。进行活动时不要携带贵重物品,更不要随意乱放自己的衣物等物品,要想方设法妥善管理,如将物品放在宿舍后再出来锻炼,或将贵重物品交由同学看管。

二、盗窃案件类型

1.顺手牵羊

多发生在教室、图书馆、食堂等公共场所。盗窃分子趁宿舍无人、物主短暂离开、临时外出、粗心大意或注意力不集中时作案。

2.乘虚而入(溜门盗窃)

盗窃分子利用大家外出而门未锁,溜门"秒杀"盗窃。如果室内有人,作案分子则会以找人或推销商品等借口来掩盖。

3.捅门入室

作案分子趁同学出门未反锁和门缝隙较宽,用卡片等作案工具捅门入室行窃。

4.外员留宿

一些同学违反学校相关规定,擅自带老乡、同学等留宿在宿舍,在自己和宿舍同学去上课时,留宿人员在宿舍内进行盗窃作案。

三、盗窃案件的主要特征

经过对大量案件的分析和总结,我们发现,一般盗窃案件都有以下共同点:实施盗窃前有预谋准备的窥测过程,俗称"踩点";盗窃现场通常遗留痕迹、指纹、脚印、物证等;盗窃手段和方法常带有习惯性等等。由于客观场所和作案主体的特殊性,高校盗窃案件还有以下特点:

1.时间上的选择性

作案人为了减少违法犯罪风险,在作案时间上往往进行了充分的考虑,其作案时间大多在作案地点无人的空隙。比如学生上课时间、课间时间、午休时间、运动时间等时间段。

┌ ┄ ┄ ┄ ┐
案例
└ ┄ ┄ ┄ ┘

2016 年夏天,某高校的一间学生宿舍,由于闷热,同学们铺了凉席躺在宿舍的地板上睡觉，门窗敞开着。深夜同学们酣睡正香，窃贼偷偷溜进宿舍将一台笔记本电脑盗走。

2. 目标上的准确性

高校盗窃案件，作案人的盗窃目标比较准确。作案人专门盯着一些防范意识不强，不注意保护自身财物的同学，寻找"人物分离"时刻将贵重财物盗走。

3. 作案上的连续性

"首战告捷"以后，作案人员往往产生侥幸心理，由于报案的滞后等原因导致破案的延迟，作案人员极易屡屡作案而形成一定的连续性。

第二节　校园防盗，做个有心人

盗窃案件不仅会给当事人造成不必要的经济损失，还会在一定程度上给同学们留下严重的猜测、怀疑等心理阴影。大学生应当掌握一些防范盗窃的知识，避免自身、他人和学校财产的损失。

一、防盗小贴士

1. 宿舍防盗

(1)要有防范意识，随手关窗、锁门。

(2)不留宿外来人员。

(3)发现形迹可疑的人应提高警惕，及时报警。

2. 自行车保管

(1)自行车要安装防盗性能较好的 U 形车锁。

（2）要养成随停随锁的习惯。

（3）停放自行车时，最好将车停在有监控覆盖的地方。

3.图书馆和教学楼

（1）个人物品妥善保管，要置于视线之内。

（2）离开座位时，要将手机、钱包等贵重财物随身带走。

4.食堂餐厅

（1）就餐排队时要注意刻意拥挤的人员，不要把手机等放在衣服外兜。

（2）就餐前打饭菜的时候不要用电脑包等放在椅子上占座位。

5.运动操场

（1）不要带贵重物品在操场锻炼，以免在专注于锻炼的时候财物被盗。

（2）如携带贵重物品，不要随意放置，要交专人保管。

二、发生盗窃案后的补救措施

（1）尽快报案。第一时间向保卫部门或公安机关报案。

（2）配合调查，保护现场。封闭室内现场，以便公安部门掌握有利证据，尽快破案。

（3）及时挂失。如有证件或有价证券等物品被盗，要尽快办理挂失手续，以免蒙受更大的经济损失。

三、发现窃贼的处置

（1）保持警惕性，随机应变，注意自身安全。

（2）依靠集体力量，注意控制嫌疑人，防止其逃跑。

（3）头脑清醒，危而不乱。

（4）遵守法律。抓获小偷后，应采取适当措施将其控制住，并立即向学校保卫部门报告。切记不能随意对窃贼进行殴打或搜身，这样做是违法的，甚至可能构成犯罪。

┌─ 案例 ─┐

2016 年 10 月 13 日晚,西安某高校学生王某与舍友陈某在田径场跑步时,发现有一中年男子鬼鬼祟祟、探头探脑,翻动放在场边的书包,二人随即联合将该男子控制,并立即拨打电话报校保卫处,值班人员将嫌疑人带回移交派出所调查处置,经调查,该嫌疑人在临近高校共作案 5 起,均在运动场边"顺手牵羊",后被公安机关依法处理。

案例剖析

发现窃贼后要随机应变,注意自身安全,要借助集体的力量,采取适当措施将其控制住,并立即向学校保卫部门和属地派出所报告。

第三节　冒充"交换生"的骗子

近年来,高校诈骗案件频发,给大学生造成惨重的损失。诈骗案件的危害性极大,侵害了大学生的合法权益,给学生的学习和生活造成严重影响。

一、什么是诈骗

诈骗是指以非法占有为目的、用虚构事实或隐瞒真相的方法骗取款额较大的公私财物的行为。

二、诈骗案件分类

根据诈骗案件的作案方式,通常将诈骗案件分为两大类,即接触式诈骗和非接触式诈骗。

接触式诈骗是指犯罪嫌疑人和受害人直接见面接触,通过各种手段直接骗取现金、财物或者现场转账的诈骗行为。

非接触式诈骗是指犯罪嫌疑人与受害人不直接接触,通过电话、网络、短信等不直接见面的方式骗取受害人账户资金或诱骗受害人转账、汇款等诈骗行为。

三、接触式诈骗的主要类型

1. 冒充港台"交换生"诈骗

套路:突发意外+手机没电+银行卡被吞=借手机+借现金(转账)

案例

2016年5月,某高校一女生在回宿舍的路上,被一自称是澳门大学研究生的男子拦住,称自己的银行卡无法在大陆使用需要解锁,暂时无法另开账户,请求借钱,并给女同学出示了其"学生证",称账户解锁后马上转账给她。女同学将自己的生活费5000元借给对方,几天后未见账号有转账,发现被骗。

案例剖析

本案例中犯罪嫌疑人一般都与大学生年龄相仿,学生装扮,港台口音,利用虚假的港台交换生等身份进入大学校园,以遇到困难、银行卡冻结等名义向大学生寻求帮助,以此骗取学生的信任,骗取大量现金或转账给对方的银行卡。

2. 借电话诈骗

套路:利用学生易相信陌生人,趁同学一时大意,拿手机后逃离。

案例

2015年6月24日,某高校学生小孙正在教室上自习,其间一名学生模样的男子称其手机没电急需打电话联系亲属,小孙觉得对方是同学又有急事,便借给其打电话,20分钟后,小孙察觉异样,便去走廊查看,发现男子早已拿着手机失去踪影。

3.招工、就业诈骗

套路:部分同学利用课余时间打工赚钱,犯罪分子编造虚假兼职机会,通过收取"保证金""培训费"等对学生实施诈骗。

案例

2014年5月19日一青年女子窜入某高校学生宿舍,宣传虚假暑期兼职工作机会,以招工需缴服装押金为名,骗取5名学生1500元现金。

四、接触式诈骗案件防范提示

对陌生人要始终保持警惕,在向陌生人提供帮助时,如涉及手机、金钱等贵重物品,不要轻易借出。在校内如有人自称遇到困难,可以让对方到学校保卫处求助,在校外如有人自称遇到困难,也可让对方向公安机关求助。

第四节　天上不会掉馅饼

冒充公检法人员、淘宝或支付宝客服、银行短信客服,以微信伪装身份,发送钓鱼网站链接……层出不穷的电信诈骗套路,让人防不胜防。

2017年,公安部发布了48种常见电信诈骗犯罪案件类型,其中校园常见的有助学金诈骗、网络刷单诈骗、QQ冒充熟人诈骗、冒充公检法电话诈骗、网络购物诈骗、冒充导师诈骗、花呗提额诈骗、子女出事诈骗、猜猜我是谁诈骗、虚假游戏充值诈骗等10

余种。

一、补助、救助、助学金诈骗

诈骗犯罪分子冒充民政、残联等单位工作人员，向残疾人员、困难群众、学生家长打电话、发短信，谎称可以领取补助金、救助金、助学金，要其提供银行卡号，然后以资金到账查询为由，指令其在自动取款机上进入英文界面操作，将钱转走。

案例

2016 年 8 月 21 日，山东临沂大一新生徐某因接到发放助学金电话被骗取上大学的费用 9900 元，伤心欲绝，郁结于心，最终导致心脏骤停，虽经医院全力抢救，但仍不幸离世。

案例剖析

补助、救助资金均由当地民政等部门和社区发放，遇到上述案例情况时，要向民政部门、街道办咨询，不要听从陌生人的指令，不执行不熟悉的网上银行和自动取款机操作。

二、刷单诈骗

犯罪分子许诺在各种网络平台刷得消费记录后，将返还本金并支付佣金。受害人在完成前几单任务后都会很快收到回报，而当做更多的任务时，骗子就会切断与受害人的联系，就此消失。这种诈骗就是刷单诈骗。

案例

2019 年 5 月 8 日，某重点高校徐某在微博上接到刷单邀请，对方称通过京东刷单返还佣金，徐某信以为真，先后刷 2 组任务共计 7390 元未返还佣金，并且还要求继续完成任务,徐某怀疑是诈骗再未付款,7千多元瞬间化为乌有。

案例剖析

找兼职、工作的过程中,"高佣金""先垫付"这些词是诈骗的高频词汇,若招聘方没有留下固定电话和办公地址,更需警惕。此外,过急的心态容易被对方利用,事先最好先查证对方的资料。

三、花呗提额诈骗

"借呗提额""花呗套现"等网上套现提额诈骗,都是利用同学想通过非正常手段套现或提额的心理,在网上发布可以提额或套现的信息吸引同学添加微信或支付宝好友,再以收取手续费为由实施诈骗。

案例

2018年5月18日,某高校李同学在网络平台看到一则"提高支付宝蚂蚁花呗额度"信息,便与"客服"人员联系,被不法分子冒充客服骗取手续费2000余元。

案例剖析

支付宝花呗、借呗的借款额度由一个复杂的大数据模型控制,并非个人可以随意更改,请大家不要轻信任何花呗、借呗、信用卡提额的承诺。

四、娱乐节目中奖诈骗

犯罪分子以"我要上春晚""非常6+1""中国好声音"等热播节目组的名义向受害人手机群发短消息,称其已被抽选为节目幸运观众,将获得巨额奖品,后以需交手续费、保证金或个人所得税等各种借口实施连环诈骗,诱骗受害人向指定银行账号汇款。

第五节　人在宿舍坐，"锅"从天上来

一、来电类电信诈骗的主要类型

1. 冒充公检法电话诈骗

犯罪分子冒充公检法工作人员拨打受害人电话，以事主身份信息被盗用涉嫌洗钱犯罪为由，要求将其资金转入所谓的"安全账户"配合调查。

案例

2015年4月20日，学生胡某接到自称来自上海公安机关的电话，称胡某涉嫌一起贩毒案被通缉拘捕并传来"逮捕令"（上面印有该生的真实身份证号等信息），对方称胡某可以暂时缴纳保证金，否则就要被拘捕。胡某惊慌之下给对方汇去1万元，后得知被骗。

案例剖析

本案例中，胡同学对公检法办案常识不了解，导致遇到犯罪分子冒充公检法工作人员来电时惊慌失措，陷入诈骗圈套。公检法办案通常会通知当事人到执法场所，出示证件、办理手续。同学们凡是遇到不见面、不履行相关手续而要求转账、汇款的，请一律拒绝。

2. 冒充导师或领导诈骗

案例

2015年6月15日，学生王某接到一个陌生来电，对方称自己是学院老师，因科技项目急需钱，却没有带足钱，请王某立即帮忙汇款5000元。王某感觉有诈，遂打电话向保卫处咨询,得知遇到了诈骗,才避免于损失。

3. 子女出事诈骗

案例

2010 年 7 月,某高校王某父亲接到电话称其是王某的老师,王某出车祸正在住院手术,需要 3 万元现金,并让汇入一银行账号中。王某父接完电话后,由于着急,又无法联系上王同学,便信以为真,向该账号汇入 3 万元现金,第二天打通王同学电话核实后发现被骗。

案例剖析

这类诈骗是针对学生家长实施诈骗的案件类型,其套路是编造学生在学校受到意外伤害,利用家长对子女的担心向家长实施诈骗。

4. QQ 冒充好友诈骗

犯罪分子冒充 QQ 好友作案,通常先盗取他人 QQ 账号,冒充使用者本人与其 QQ 好友聊天,采用截图、视频等方式取得对方信任,最后以交紧急费用、借钱、结账等方式要求对方汇款至犯罪分子指定账号。

案例

2018 年 6 月 21 日,西安某高校学生杨某的"高中同学刘某"通过 QQ 和其聊天。"刘某"称其现在需要报培训班,手头紧张,向杨某借钱,并发来微信收款二维码。杨某未察觉高中同学 QQ 被盗,转账 4700 元,后发现被骗。

案例剖析

这类案件中,嫌疑人利用木马程序盗取对方 QQ 密码,截取对方聊天视频资料,熟悉对方情况后,冒充该 QQ 账号主人对其 QQ 好友以"患重病""出车祸""急需用钱"等紧急事情为由实施诈骗。这种诈骗方式虽然老套,但隐蔽性强,较易使人上当受骗。

一方面,QQ 好友通常都是亲戚、同事、朋友,相互间信任度极高;另一方面,犯罪分子隐藏在网络背后,键对键的聊天方式使得当事人一时不能辨别真伪,极易上当受骗。

二、相关法律

《中华人民共和国刑法》第二百六十六条规定:诈骗公私财物,数额较大的,处三年以下有期徒刑、拘役或者管制,并处或者单处罚金;数额巨大或者有其他严重情节的,处三年以上十年以下有期徒刑,并处罚金;数额特别巨大或者有其他特别严重情节的,处十年以上有期徒刑或者无期徒刑,并处罚金或者没收财产。

最高人民法院、最高人民检察院《关于办理诈骗刑事案件具体应用法律若干问题的解释》第一条规定:诈骗公私财物价值三千元至一万元以上和三万元至十万元以上、五十万元以上的,应当分别认定为刑法第二百六十六条规定的"数额较大"与"数额巨大""数额特别巨大"。

三、如何防范电信诈骗

无论骗术是什么,最后都会落到要受害人的银行卡、密码和账号。所以在日常工作生活中,千万不要轻信来历不明的电话、短信、链接,不要轻易透露自己的身份和银行卡的信息,要做到:不听、不信、不转账!如果有疑问,要及时打电话给辅导员、学校保卫处、公安机关咨询核实。

防范要点一:

(1)个人信息要保密。身份证号、银行卡号、支付宝账号、手机号不要轻易泄露,银行、航空公司、网上的正规客服都不会直接询问这些信息。特别是任何情况下,都不要告诉其他人"短信验证码"。

(2)说钱不脑热。一定要"先小人,后君子"。只要说到钱,不管是借钱还是给你钱,一律先确认对方身份。特别是遇到"客服人员"打电话来说到钱,必须到官方网站或拨回正规客服电话进行确认,当心"木马"和"被钓鱼"。

(3)必须妥善保管绑定的银行卡、信用卡和手机,如果手机丢失要第一时间进行补办;如果出现手机无法拨打的情况,可能被骗子以补卡的名义来窃取绑定银行卡的资金;建议不要在支付宝或网银里存大量资金。

防范要点二:

(1)不要轻易泄露个人信息,特别是姓名,身份证号,电话号码,银行账户资料等信息。

(2)不要轻信来历不明的电话和信息。

(3)不要按陌生电话或短信的提示操作转账业务,不要将资金转入陌生的账户。

(4)不要接听显示非常规号码的陌生电话。

(5)不要拨打对方提供的电话号码,不要回拨打过来刚接通就挂断的陌生电话。

(6)如果接到可疑信息,应该采取不相信、不理睬、不联系的方法处理,以避免财物损失。

第六节 校园贷:坑你没商量

随着网络的高速发展,出现了各种各样的贷款类型。"校园贷"就是其中一种,只要你是在校学生,网上提交资料、通过审核、支付一定的手续费,就能轻松申请贷款。不法分子利用"校园贷"设计骗局,导致许多大学生被骗,因此酿成的惨剧屡见不鲜。校园贷的分类有哪些呢? 大学生涉世未深,如何防范校园贷骗局呢? 本节,我们就来一起走进校园贷。

案例

范某某是北京某高校大三学生,从 2016 年 7 月开始,范某某从一个名为"速×借"的网络借款平台借了第一笔 1500 元,随后就从另外一家网络借款平台借了 3000 元钱用于归还"速×借"的钱,然后再从另外的借款平台再借出更多的钱用来归还上一笔欠款。除了"速×借"外,他还在"今×客""哈×米"等网络借款平台上借款。

2017年8月3日,正在家放暑假的范某某向家人称要返回北京学校,随即离家,给家人留下遗书后失踪。后被发现溺亡。

据范某某的家人回忆,就在他离家的当天下午,在其卧室内发现了一封遗书,称自己"一步错、步步错",并且说"我的心已经承受不住"。家人立即拨打范某某的手机,但手机已无法接通。随后,家人立刻报警。在他离世后,家人在他的手机上不断收到威胁恐吓他还款的信息。

一、什么是校园贷

校园贷,又称校园网贷,是指一些网络贷款平台面向在校大学生开展的贷款业务。

近年来,互联网金融蓬勃发展,也迎来了大学生分期消费市场的春天,众多"校园贷"平台纷纷到高校"跑马圈地"。各网贷平台针对大学生的贷款项目五花八门,从早前的"分期购物"不断升级,如今旅游、考驾照、做生意、生活费等都可以从网上借到钱。而为了扩大市场,有一些平台"主动放水",根本不考虑学生的还款能力、还款来源。而这些网贷平台又设置了高额的利率和罚息。

据了解,"校园贷"的一年息通常超过20%。各种网络贷款平台之所以选择大学生群体作为重点对象,主要是看中了他们的旺盛消费需求和前卫时尚的消费观念,信用消费意愿强烈,倾向于超前消费、过度消费。由于在校生没有独立的经济来源,一旦消费欲望膨胀,就可能陷入连环债务之中。因无力还债,无法躲债、逃债,导致违法犯罪、跳楼自杀等极端行为屡屡发生。

二、校园贷的发展历程

2009年,因为坏账率过高,银监会在实质上叫停了银行向学生发放信用卡。几乎是同时,中国开展消费金融试点,捷信作为首批试点引进的外资消费金融公司,开放了支持学生小额消费需求的业务通道。

2013 年,分期乐在深圳成立,开创了以互联网的手段做小微消费金融的模式。此后,京东白条、蚂蚁花呗相继上线,苏宁电器等电商也推出了针对校园市场的专项产品和服务。分期乐的示范效应带动了一大批创业公司进入,包括趣分期、优分期、爱学贷等。除此之外,还有数以千计的、或大或小的 P2P 平台,也将业务触角伸向了学生。向校园人群提供金融服务的主体既有 BAT(百度、阿里、腾讯)级的公司,也有新兴互联网消费金融公司,各类平台良莠不齐。

2015 年校园贷是 P2P 网贷平台中增长最快的产品之一。校园贷平台在相关监管政策还未完善的情况下快速占据了市场,因此校园贷存在许多乱象,包括一些非法的高利贷平台、裸贷平台混迹于校园,另外,许多主流的校园贷平台也存在严重的不合规现象。

2017 年起,国家和政府相继出台各类制度和规范,对校园贷进行严格监管、教育引导、市场整顿。

2017 年 6 月,中国银监会、教育部、人力资源和社会保障部联合发布了《关于进一步加强校园贷规范管理工作的通知》,要求现阶段一律暂停网贷机构开展在校大学生网贷业务。

2017 年 12 月 1 日,互联网金融风险专项整治工作领导小组下发了《关于规范整顿"现金贷"业务的通知》,要求网贷平台不得为在校学生、无还款来源或不具备还款能力的借款人提供借贷撮合业务。

2018 年 8 月,中国银保监会印发《中国银保监会关于银行业和保险业做好扫黑除恶专项斗争有关工作的通知》明确:面向在校学生非法发放贷款是黑恶势力的表现形式,重点打击面向在校学生非法发放贷款,发放无指定用途贷款,或以提供服务、销售商品为名,实际收取高额利息(费用)变相放贷的行为。

三、校园贷的种类和变种

1. 校园贷的种类

校园贷通常分为三种：一是专门针对大学生的分期购物平台，如趣分期、任分期等，部分还提供较低额度的现金提现；二是P2P贷款平台，用于大学生助学和创业，如投投贷、名校贷等；三是阿里、京东、淘宝等传统电商平台提供的信贷服务。

2. 校园贷的变种

在强监管下，校园贷看似恢复了平静，然而江面之下，暗流涌动，产生了不少变种。在QQ、微信、微博等社交平台下，依然活跃着大量校园贷中介、非正规校园贷。培训贷、美妆贷、整容贷、求职贷等各种换汤不换药的贷款也是层出不穷。

四、校园贷的危害

1. "低利息"掩盖下的高利贷

不法分子将目标对准高校，就是利用高校学生社会认知不足，缺乏防范心理的弱点，进行短期、小额的贷款活动。表面上看这种借贷是低息，但事实上不法分子获得的利率是银行利率的数十倍，肆意榨取学生的钱。

2. 逾期暴力催款

放贷人进行放贷时会要求提供一定价值的物品进行抵押，而且要求学生提供学生证、身份证复印件，全面掌握着学生的个人信息，一旦学生不能按时还贷，网贷平台和放贷人不会通过正当途径追款，而是采用向其亲友、老师、同学群发短信，在网络上曝光个人信息，甚至上门堵截等威胁恐吓的手段向学生催款逼债，对学生的人身安全和校园秩序造成严重危害。

3. 易滋生借款恶习

一些学生认为校园贷借钱方便快捷，易滋生借款恶习，养成不良消费习惯。向校园高利贷获取资金，为了还款还可能引发赌博等不良恶习，严重的还可能因无法还款而逃课、辍学。

4. 易诱发其他犯罪

不法分子可能利用校园"高利贷"诈骗学生抵押物、保证金,或利用学生信息进行电信诈骗、骗领信用卡等。

案例 1

广西某大学学生,在互联网借贷平台借款,最后无力偿还,被人到学校追债、威胁后才敢告诉老师,此时已累计欠债20多万元。作为一个无收入的学生,父母也都在农村,好不容易赚点辛苦钱供他读书,这笔债务对这个家庭来说是个天文数字。即使学校能继续收留该学生,他也已无心读书。

案例 2

西安某大学的大四学生阿木,一年时间,因为"校园贷",他从一个年年拿奖学金的优等生,变成了一个经常旷课,一学期补考七门课,并且四处躲债的边缘人。2016年9月,由于长期旷课和挂科,阿木和父母商量后不得不办理了退学手续,跟父母回到他们打工的地方生活。据学校老师估计,阿木有超过10万元的贷款。

五、如何防范校园贷

如此众多的高校学生深陷校园贷泥潭,着实令人心痛,也足以让我们引以为戒!作为大学生,我们应该如何防患于未"借"呢?

(1)要积极参加基础金融知识教育和培训,了解掌握银行金融知识和借贷渠道。大学生要从自身做起,正确识别,远离违法违规的借贷行为;要清晰借贷成本、费用支出等,提高自身风险防范意识。

(2)树立正确的消费观念,明确自身需求,不要盲目消费。要根据自己的实际经济能力和合理需求,理性借贷,更不能养成贷款依赖性。在消费层面上,一方面,要适度、理性地消费;另一方面,自觉抵制攀比消费、盲目消费的不良风气。

(3)保护个人信息安全,避免信息泄露产生危害。时刻保管好自己的身份证件和各类信息,切记不要随意转借他人使用。个人信息包括身份证号码、社交软件密码、学信网账号和密码、银行卡号、手机号等资料,个别不法分子会利用这些个人信息到网贷平台贷款。

(4)要合理利用法律"武器",维护自身利益。如遇贷款纠纷,要及时寻找合法、规范的法律咨询和法律服务,切实维护自身合法权益。

05 国家安全篇

维护国家安全，人人有责

第一节　自觉维护国家安全

"安而不忘危，存而不忘亡，治而不忘乱。"为实现中华民族伟大复兴的中国梦，保证人民安居乐业，国家安全是头等大事。2014 年 4 月 15 日，习近平总书记在中央国家安全委员会第一次全体会议上首次提出总体国家安全观重大战略思想，这是以习近平同志为核心的党中央对国家安全理论的重大创新，是新形势下维护和塑造中国特色大国的强大思想武器，充分体现了我们党奋力开拓国家安全工作新局面的战略智慧和使命担当，具有重大的时代意义、理论意义、实践意义和世界意义。

一、什么是国家安全

国家安全是一个国家的基本利益，是一个国家处于没有危险的客观状态，也就是国家没有外部的威胁和侵害，也没有内部的混乱和疾患的客观状态。当代国家安全包括 16 个方面的基本内容，即政治安全、国土安全、军事安全、经济安全、文化安全、社会安全、科技安全、信息安全、生态安全、资源安全、核安全、海外利益安全、生物安全、太空安全、极地安全和深海安全。

二、什么是总体国家安全观

总体国家安全观是指既重视外部安全，又重视内部安全，对内求发展、求变革、求稳定，建设平安中国，对外求和平、求合作、求共赢，建设和谐世界；既重视国土安全，又重视国民安全，坚持以民为本、以人为本，坚持国家安全一切为了人民、一切依靠人民，真正夯实国家安全的群众基础；既重视传统安全，又重视非传统安全，构建集政治安全、国土安全、军事安全、经济安全、文化安全、社会安全、科技安全、信息安全、生态安全、资源安全、核安全等于一体的国家安全体系；既重视发展问题，又重视安全问题，发展是安全的基础，安全是发展的条件，富国才能强兵，强兵才能卫国；既重视自身安全，又重视共同安全，打造命运共同体，推动各方朝着互利互惠、共同安全的目标相向而行。

三、公民和组织维护国家安全的义务

（1）遵守宪法、法律法规关于国家安全的有关规定。

（2）及时报告危害国家安全活动的线索。

（3）如实提供所知悉的涉及危害国家安全活动的证据。

（4）为国家安全工作提供便利条件或者其他协助。

（5）向国家安全机关、公安机关和有关军事机关提供必要的支持和协助。

（6）保守所知悉的国家秘密。

（7）法律、行政法规规定的其他义务。

四、危害国家安全的行为

(1)勾结外国,或与境外机构、组织、个人相勾结,危害中华人民共和国的主权、领土完整和安全的。

(2)组织、策划、实施分裂国家、破坏国家统一的;煽动分裂国家、破坏国家统一的;与境外机构、组织、个人相勾结组织、策划、实施分裂国家,煽动分裂国家,破坏国家统一的。

(3)组织、策划、实施武装叛乱或者武装暴乱的;策动、胁迫、勾引、收买国家机关工作人员、武装部队人员、人民警察、民兵进行武装叛乱或者武装暴乱的。

(4)组织、策划、实施颠覆国家政权,推翻社会主义制度的,以造谣、诽谤或者其他方式煽动颠覆国家政权、推翻社会主义制度的。

(5)境内外机构、组织或者个人资助境内组织或者个人组织、策划、实施分裂国家、煽动分裂国家、破坏国家统一的。

(6)投敌叛变的或者带领武装部队人员、人民警察、民兵投敌叛变的。

(7)国家机关工作人员、掌握国家秘密的国家工作人员在履行公务期间,擅离岗位,叛逃境外或者在境外叛逃,危害中华人民共和国国家安全的。

(8)为境外的机构、组织、人员窃取、刺探、收买、非法提供国家秘密或者情报的。

(9)战时供给敌人武器装备、军用物资资敌的。

五、什么是间谍

间谍指被间谍情报机构秘密派遣到对象国(地区)从事以窃密为主的各种非法谍报活动的特工人员,又指被对方间谍情报机构暗地招募而为其服务的本国公民。广义来说,间谍是指从事秘密侦探工作的人员,从敌对方或竞争对手那里刺探机密情报或是进行破坏活动,以此来使其所效力的一方有利。

六、间谍行为

（1）间谍组织及其代理人实施或者指使、资助他人实施，或者境内外机构、组织、个人与其相勾结实施的危害中华人民共和国国家安全的活动。

（2）参加间谍组织或者接受间谍组织及其代理人的任务的。

（3）间谍组织及其代理人以外的其他境外机构、组织、个人实施或者指使、资助他人实施，或者境内机构、组织、个人与其相勾结实施的窃取、刺探、收买或者非法提供国家秘密或者情报，或者策动、引诱、收买国家工作人员叛变的活动。

（4）为敌人指示攻击目标的。

（5）进行其他间谍活动的。

案例 1

周某，主要从事高精尖通信技术研究。周某赴国外某大学做博士后研究，在申请签证时，表明了自己身份并在签证材料中附有其关于高精尖通信技术领域研究的博士论文复印件，引起了境外间谍情报机关关注。周某在国外做博士后研究期间，境外间谍人员多次约其见面，并表示为该国政府工作可支付报酬，周某默许同意。周某回国后，继续向对方出卖情报。案发前，周某为我国某高校副教授、硕士生导师，所在实验室承担了众多国防军工单位和军队大量涉密研究项目。

经查，周某在参谍期间，先后向境外间谍情报机关提供了大量国防军工重要涉密数据和文件资料，涉及我国多种重要武器装备的研制状况、作战性能、技术参数等核心秘密。经有关部门鉴定，这些资料有机密级、秘密级文件 200 余份，文件的泄露对我国国防军事安全利益造成严重危害。

2011 年，国家安全机关将周某抓获。2014 年 5 月 20 日，周某因间谍罪被判处无期徒刑。

案例 2

章某某，案发时任我国某涉外部门处长，在境外任职期间，某国间谍情报机关利用其妻子将章某某策反,在金钱利诱和感情拉拢下,章某某为该国间谍情报机关提供了大量工作机密。任职期满回国后,章某某仍与该国间谍情报机关频繁会面,并按对方要求提供了大量国家机密。最终,北京市中级人民法院以"间谍罪"判处章某某死刑,判处其妻有期徒刑十年。

案例3

2018年10月刚进入河南郑州某大学的大一新生李某在网络上结识了一位自称是国外"军事爱好者"的陈某,此人希望李某为其提供一些关于我国武器装备的相关信息,并承诺"事成之后支付丰厚报酬"。尽管李某所学专业与军事完全无关,也不是军事爱好者,相关知识几乎是空白。但在金钱的诱惑下还是答应为陈某搜集相关情报,并听从其"建议",从国内出版的各类军事杂志、专业书籍上收集我国军事信息。

2018年10月到2019年初几个月间,李某通过在学校图书馆与多家公立图书馆搜寻相关书报,先后将《航空及空军装备》、《海军杂志》等多本军事杂志的内容用手机拍下图片并传给境外的陈某,并获得了上千元的"报酬"。

就在李某即将越陷越深时,他被早已将其锁定的侦查员制止并带走调查 ,起初李某并不理解,认为"公开发行的杂志不会涉密",在了解到"杂志分境内出版和境外出版两种""某些境内发行杂志并不适宜传送到境外"等知识后才恍然大悟。

案例4

2017年7月,被告人陈某在境外的网站上下载某部英文版电子书,并通过谷歌的翻译软件将该书翻译成中文,该书内容主要是以制造爆炸、枪击、绑架、暗杀等恐怖活动对抗政府为主。随后,陈某以此版本为基础,上网搜索资料并进行编写,创作出三本电子书。9月22日,钦州市公安局网安支队发现被告人陈某通过QQ、微信、微博等多次明码标价销售该三本书。9月23日,钦州警方在钦州市陈某的家中将其抓获,依法扣押了涉案的电脑主机1台、手机1部、存储上述三部电子文书的U盘1个。

经认定,被告人陈某编写的三本电子书的内容涉及大量爆炸物品、枪支、重大杀伤性武器的制造和使用方法，煽动、教唆他人以暴力极端手段危害和剥夺他人生命，制造社会恐慌，具有极强的恐怖主义、极端主义性质，具有很强的导向性和煽动性，极易引导人的心理和行为走向。

钦北区人民检察院认为，被告人陈某以制作、出售宣扬恐怖主义、极端主义书籍的方式宣扬恐怖主义、极端主义，其行为已构成宣扬恐怖主义、极端主义罪，应当以该罪追究其刑事责任，遂依法提起公诉。2018 年 3 月，钦州市钦北区人民检察院依法对陈某涉嫌宣扬恐怖主义、极端主义一案提起公诉。

案例 5

李某某，我国某边境城市国家机关副科级干部。2017 年 5 月，李某某陪同两名中方客户赴某国考察，在其入关时被境外间谍情报机关人员带离盘问，并将其手机存储内容进行复制，询问其通讯录内联系人情况。随后，境外间谍人员以莫须有的理由强行对李某某开具行政处罚，并要求其签署为对方服务的保证书，否则不得离开。李某某迫于无奈，在胁迫之下签署了保证书。

回国后，李某某第一时间向当地国家安全机关自首，如实讲述了其在境外被境外间谍情报机关胁迫策反全过程的情况。根据《反间谍法》第二十八条规定，我国国家安全机关对李某某不予追究。

案例 6

北京某高校的一名大三男学生朱某，在课余勤工助学中结识了某国驻华大使馆文化参赞 S。其间朱某又认识了某自治区党校退休老师杜某。后来，S 提出请朱某和杜某帮助大使馆收集有关新疆伊斯兰教派活动的情况，朱某和杜某毫不犹豫地与 S 签订了协议书，并接受由 S 提供的摄像机 1 部、活动经费 1 万元以及二人的月薪各 3000 元，随后二人先后在喀什、莎车等地拍摄、录制了伊斯兰教派有关活动情况的资料，返回乌鲁木齐后，朱某、杜某被抓获，追缴了全部拍摄录制资料。经国家保密机构认定，朱某所收集的资料其密级为"机密"级。朱某的行为严重危害了国家安全。根据《中华人民共和国刑法》和《中华人民共和国国家安全法》，朱某和杜某构成为境外刺探国家秘密罪。

案例剖析

从以上案例可以看出境外的敌对势力无时无刻不在对我国进行颠覆、渗透和破坏，我们每一个中国公民、在校的大学生都应该熟悉涉外知识，增强保密观念，维护国家安全。大学生除了进行正常的学习、生活外，走出校园参加各种社会实践活动也是一种潮流。但是，当代的大学生往往缺乏必要的社会知识，尤其是对国家安全常识的忽视，往往会造成对国家利益的危害，酿成个人悲剧，因此，大学生在今后的学习、工作、生活中应该做到以下几点：

1. 要始终树立国家利益高于一切的观念

作为中华人民共和国的公民，尤其是大学生，国家的安全要始终放在第一位。国家安全涉及国家社会生活的方方面面，是国家、民族生存与发展的首要保障。千万不要错误地认为科学技术是没有国界的。应该清楚认识到每一个知识分子、每一个杰出科学家都不能没有自己的祖国。"国家利益高于一切。"这也是世界各国一致的理念，所以每个大学生都要从我做起，从每件小事做起，时刻要把国家安全放在高于一切的地位，这不仅是国家利益的需要，也是个人安全的需要。

2. 要熟悉有关国家安全的法规

涉及国家安全和保密工作的法律、法规、规章制度有 100 多种，尽管作为非法律专业大学生要全部吃透弄清并不现实，但是我们都应该有所了解，弄清什么是合法，什么是违法，可以做什么，不能做什么。其中，特别应当熟悉以下一些基本的法律、法规：宪法、国家安全法、保密法、刑法、刑事诉讼法、科学技术保密规定、出国留学人员守则等，对遇到的问题、遇到的事情要多思考，三思而慎行，也可以请教同学和老师，以防被别有用心的人利用，危害了国家利益，也危害了自己。

3. 要善于辨别真伪

从表面上看，有关国家安全的常识、规定都比较完善，依规行事不会出什么大问题，但是实际生活比我们想象的要复杂得多。比如，有的间谍情报人员采用五花八门的手段，如假借"科研合作""社会调查"等套取国家秘密、科技政治情报和内部情况。如果丧失警惕，就可能上当受骗，甚至走向一条不归路。因此，作为大学生在和外国人、外资企业、外国社团的交往中，应该既要保持友好，又要内外有别；既要珍惜个人友谊，又要牢记国家利益；既要争取各种帮助、资助，又要不失国格、人格。识别伪装既难又易，关键就在淡泊名利，一旦发现别有用心的人或者遇见可疑的问题，要依法及时向有关单位和国家安全部门通报。

国家安全所面临的挑战呈现出前所未有的复杂性、多样性和艰巨性，身处其中的每一个公民时刻都面对着国家荣誉、国家安全、国家利益对自身道德水准的考验。在这样的大是大非考验面前，没有明确、坚定荣辱观的人，就很难作出清醒的抉择。

4. 要积极配合国家安全机关的工作

国家安全机关是国家安全工作的主管机关，是与公安机关同等性质的司法机关，分工负责一切涉及国家安全案件的侦查、拘留、预审和执行逮捕。积极配合国家安全机关的工作是每一个中华人民共和国公民的义务。在国家安全机关工作人员表明身份和来意，需要配合工作的时候，每个同学都应当认真履行配合和协助调查的职责和义务，每个公民都应当按照《中华人民共和国国家安全法》的规定，为国家安全机关的工作尽力提供便利和协助，如实提供情况和证据，做到不推、不拒、不阻碍国家安全机关执行公务。

第二节　崇尚科学，反对邪教

一、什么是宗教

宗教的准确定义至今仍具有广泛争议。但一般认为，宗教是人类社会发展到一定历史阶段出现的一种文化现象，属于一种社会意识形态。主要特点为相信现实世界之外存在着超自然的神秘力量或实体，该神秘力量统摄万物而且拥有绝对权威、主宰自然进化、决定人世命运,从而使人对该一神秘力量产生敬畏及崇拜,并从而引申出信仰认知及仪式活动。在人类早期一些社会中,宗教承担了对世界的解释、司法审判、道德培养和心理安慰等功能。现代社会中,科学和司法已经从有些宗教中分离出来,但是宗教的道德培养和心理安慰的功能还继续存在。宗教所构成的信仰体系和社会群组是人类思想文化和社会形态的一个重要组成部分。

马克思、恩格斯认为,宗教根源于社会物质生产方式,根源于人与自然、人与人之间关系的不合理,根源于自然力量和社会力量对人成为盲目起作用的、异己的力量。首先是自然根源,自然力对于最初的人来说是某种异己的、神秘的、超越一切的东西,这种自然力被人格化,于是“最初的神产生了”;其次是认识根源,主要指宗教源于人们对外部自然界虚幻的认识;再次是社会根源,主要指除了自然力量之外,社会力量也逐渐发挥了作用,例如在阶级社会,“被剥削阶级在跟剥削者斗争时的软弱无力,必然会产生对优美的来世生活的信仰,正如野蛮人在跟大自然斗争时的软弱无力会产生对上帝、魔鬼、奇迹等的信仰一样”。

马克思、恩格斯认为,宗教具有多方面的作用。一方面,宗教是维护经济基础的上层建筑,本质上是历史上统治阶级维护其统治利益的工具,但被压迫人民在特定的历史时期也会利用宗教进行反抗斗争。另一方面,马克思指出,宗教产生于颠倒的世界,因此是颠倒了的世界观,给人虚幻的幸福,宗教“是这个世界的总理论,是它的包罗万象的纲要,它的具有通俗形式的逻辑,它的唯灵论的荣誉问题,它的狂热,它的道德约束,它的庄严补充,它借以求得慰藉和辩护的总根据”,“宗教里的苦难既是现实的苦难的表现,又是对这种现实的苦难的抗议。宗教是被压迫生灵的叹息,是无情世界的感情,正像它是无精神活力的制度的精神一样。宗教是人民的鸦片”。马克思主义对宗教的批判的目的是要“废除作为人们幻想的幸福的宗教,也就是要求实现人民的现实的幸福”。

二、什么是邪教

我国最高人民法院、最高人民检察院对邪教组织作出如下界定："邪教组织是指冒用宗教、气功或者其他名义建立，神化首要分子，利用制造、散布迷信邪说等手段蛊惑、蒙骗他人，发展、控制成员，危害社会的非法组织。"

邪教的主要特征是崇拜教主、编造邪说、精神控制、敛收钱财、秘密结社、危害社会。其本质是反社会、反科学、反人类。

三、邪教为什么危害国家安全

（1）邪教是人类的一大公害，影响社会的和谐，阻碍了社会的进步。

（2）邪教散布"地球爆炸论""世界末日论"等歪理邪说，渲染恐怖气氛，制造思想混乱。编造荒诞离奇、骇人听闻的歪理邪说，制造思想混乱是一切邪教组织欺世盗名、坑害群众的惯用伎俩。

（3）邪教构筑"秘密王国"，煽动社会动乱，严重危害国家政治、社会稳定。

（4）邪教盘剥信徒钱财，非法牟取暴利，破坏生产、金融秩序，严重威胁国家经济安全，在非法攫取钱财这一点上，邪教有着惊人的一致。

四、大学生如何远离邪教

（1）任何宗教都有其历史，首先要看看其发展史是否为世人所公认，再看看所谓的理论有没有迷信色彩。深刻认识"法轮功"等邪教反动本质及其危害，坚定唯物论和无神论信仰。

（2）"树立理想，坚定信念"，以科学对付歪理邪说，用科学理论武装头脑。

（3）积极开展科技文化活动，提高大学生对邪教组织的警惕性、鉴别力和防范力，参加校园的社团活动，参与健康向上、有益身心的社会活动，包括各种文体活动。不参加以"祛病健身、修身养性"为幌子的邪教、会道门等非法组织。

案例1

　　陕西某市邪教"全能神"信徒王某相信妻子被"邪灵"附体,需要消灭肉体才能消灭"邪灵",再由"圣灵"带来重生。2012年3月4日上午9时,王某对妻子进行殴打、猛击后,用枕头捂住妻子的面部直至其窒息身亡。随后,王某又用菜刀向妻子尸体头部、胸部和腹部连砍十余刀。这一切结束后,王某还希望附在妻子身体上的"邪灵"尽快死去,期待着"神"的来临,能使妻子"死而复生"。妻子没有回来,等待王某的是法律的制裁。

案例2

　　2014年5月28日,山东某市一麦当劳餐厅,邪教"全能神"信徒又犯下了一桩血淋淋的血案。该案6名犯罪嫌疑人有3名为青少年。18岁的主犯张某,使用"拖把""椅子"等殴打被害人,并对前来制止的顾客进行恐吓。可以看出,当时这个小姑娘是如何的漠视生命、嚣张跋扈!而参与这次故意杀人案的还有年仅13岁的少年张某,他们成为邪教"全能神""当砍之杀之"的忠诚履行者。在绚烂奔放的年纪里,张某等人却在邪教"全能神"的蛊惑下,步入歧途,他们的心完全向神了,什么家庭、世界、前途都抛到九霄云外,把一生的精力都献给了邪教"全能神"。这些心智尚未完全成熟的青少年,被邪教"全能神"的歪理邪说灌输控制,抛弃家庭,视恶为善,视"常人"为"邪灵",最终参与了杀人的恶性事件。

■ 案例剖析

　　以上两案例充分说明,邪教毒害社会青年乃至青少年的事实不得不引起我们的高度警醒和重视。青年学生树立正确的人生观和价值观就显得尤为重要。这样可以从源头上杜绝青少年被邪教分子的逐步腐化,对邪教说"不"。对于身受邪教毒害的青年,要以教育转化为主,力争他们尽早摆脱邪教思想的桎梏,重新焕发青春的朝气,树立奋发向上的积极人生观,走上新的人生道路。

第三节　对校园传教说"不"

一、什么是违法传教行为

违法传教是指那些违反国家宪法、法律、法规和有关政策，违背社会道德风尚，进行反国家、反社会、反道德，具有颠覆国家性质的，不利于人民精神、心理、身体健康的行为。

二、校园传教违法吗

校园传教违法。

《中华人民共和国宪法》第三十六条规定：国家保护正常的宗教活动。任何人不得利用宗教进行破坏社会秩序、损害公民身体健康、妨碍国家教育制度的活动。宗教团体和宗教事务不受外国势力的支配。

《中华人民共和国教育法》第八条规定：教育活动必须符合国家和社会公共利益。国家实行教育与宗教相分离。任何组织和个人不得利用宗教进行妨碍国家教育制度的活动。

《宗教事务条例》第四十四条规定：禁止在宗教院校以外的学校及其他教育机构传教、举行宗教活动、成立宗教组织、设立宗教活动场所。

《宗教事务条例》第七十条规定：在宗教院校以外的学校及其他教育机构传教、举行宗教活动、成立宗教组织、设立宗教活动场所的，由其审批机关或者其他有关部门责令限期改正并予以警告；有违法所得的，没收违法所得；情节严重的，责令停止招生、吊销办学许可;构成犯罪的,依法追究刑事责任。

《普通高等学校学生管理规定》第四十三条规定:学校应当坚持教育与宗教相分离原则,任何组织和个人不得在学校进行宗教活动。

三、校园传教的几种形式

(1)在路上被拦下询问你是否对某些宗教感兴趣。

(2)打着各类宣传的幌子,对你的宿舍进行"扫荡"。

(3)发放传单邀请你参加宗教集会。

(4)电话进行宣传,劝你加入宗教。

(5)在宗教节日邀请你参加音乐会、歌舞会、舞台剧等活动。

(6)通过扫描二维码获得小礼品来让你加入各种宗教交流群。

四、遇到校园传教怎么办

在校内遇到传教人员,首先要做到不接受、不信教、不传教;其次要及时拨打校内保卫部门电话或者向本院系领导、老师报告,由相关部门来处理。

在校外,要拒绝到非宗教场所参加任何宗教活动;避免在不明真相的情况下参加一些非法传教组织开展的活动;在察觉到有人员利用宗教从事不利于校园和社会稳定、危害国家安全活动的情况下,要及时报告班主任、辅导员或学校保卫部门。

在互联网上遇到不明传教人员时,不要轻信他们的宣传,不要轻易泄露个人信息和个人困惑,以免被误导。对打着宗教旗号进行违法犯罪活动的网站,应及时向有关部门举报。

┌ 案例 ┐

　　某高校经报请有关部门批准并履行相关手续后,遣返了该校两名外教。经公安机关查实,这两名外教受聘于某高校从事外语口语教学工作。外教甲先是以课后辅导为名,邀请 5 名学生到其位于校内的寓所交流。交流中,甲称自己是一名虔诚的基督教徒,是"在耶稣的指引下来到你们身边"的,表示愿意义务向同学们介绍基督教义,并称这是"了解西方文化和价值观的最佳窗口"。在甲的热情感染下,其中 4 名学生课后常到甲的寓所听其讲解《圣经》,后增加到七人,讲解活动也逐步升级为定期作弥撒、诵读《圣经》等。外教乙来校后也迅速加入传教活动中,被遣返时正在做几名学生的工作,劝他们皈依耶稣门下。

案例剖析

　　结合该案例,我们不难看出,传教人员经常利用热情的态度来赢得学生的信赖,然后在各种理由的掩饰下对学生进行传教,由于学生缺乏社会经验和应有的防范意识,在无形之中就受到了传教人员的蒙骗和蛊惑。

06

消防安全篇

莫把防火当儿戏

第一节　火灾概述

一、火灾的危害

"火",人类与火结缘的历史已有 170 多万年,然而,人类真正对火的本质有明确认识的时间相对较短。火和其他物质同样具有二重性,火的利用,造就了今天人类社会的文明发展和幸福生活;火一旦失控,超出有效范围内的燃烧,就是火灾,带给人类的是破坏,是灾难,是死亡。

火灾危害是除了战争、瘟疫、地震和水涝等自然灾害中危害比较严重的灾害,它造成的生命财产损失难以估计和无法挽回,它的破坏力非常大。例如,公元 1201 年,古杭州城发生大火,延烧 58097 家城内外的建筑物,过火 10 余里,死者不计其数,逃出来的人们流离失所,无家可归;2010 年 11 月 15 日,位于上海静安区胶州路 707 弄 1 号胶州高层教师公寓发生火灾。经查,当日 14 时 14 分,电焊工吴某和工人王某在加固胶州路 728 号公寓大楼 10 层脚手架的悬挑支架过程中,违规进行电焊作业引发火灾,此次火灾造成 58 人死亡、71 人受伤,直接经济损失 1.58 亿元;2013 年 6 月 3 日 6 时 10 分许,位于吉林省长春市德惠市的某禽业有限公司主厂房发生特别重大火灾爆炸事故,共造成 121 人死亡、76 人受伤,17234 平方米主厂房及主厂房内生产设备被损毁,直接经济损失 1.82 亿元。造成起火的直接原因:该公司主厂房一车间女更衣室西面和毗连的二车间配电室的上部电气线路短路(是否穿管保护不详),引燃周围可燃物。当火势蔓延到氨设备和氨管道区域,燃烧产生的高温导致氨设备和氨管道发生物理爆炸,大量氨气泄漏,介入了燃烧。

　　大学是培养高素质人才的摇篮,学校人员密集,公寓住宿集中,教室、实验室多,仪器设备价值昂贵,防火重点部位多,如果忽视消防安全工作,淡化防火意识,不注意投入资金改造陈旧老化电源线路,在日常生活和开展各类试验时用电用火中操作不规范,很容易发生各类火灾,火灾能使专家教授多年的科研成果付之一炬,火灾能毁坏同学们生活和学习的环境。所以,火灾危害着校园公共安全、危害着师生员工的宝贵生命和财产安全,它能瞬间吞噬大量的物质财富和科学实验数据资料,使之顷刻化为灰烬,能给人们心灵深处和家庭留下无法估量的损失,它不但会影响正常的教学、科研和生活秩序,而且由于高等学校的特殊性,它会造成重大的社会影响和严重后果。据有关资料表明,多年来,我国高等学校中几乎没有一所学校能够幸免发生火灾,因而,在我们大学校园里火灾危害的后果不堪设想。火灾是残酷的,但它又是可以预防的。在大学校园里,要保障教学、生活以及同学们人身的安全,就必须让每一个人从思想上高度重视,在行动上落到实处,才可以有效地预防火灾。在做好防火工作的同时,加强对火灾扑救知识的学习,掌握火灾的规律和特点,就能够在发生火灾时有效地予以扑灭,最大限度地减少火灾造成的人身伤亡和财产损失。

二、火灾的概念、分类、起因与级别

1. 火灾的概念

火灾是指可燃物质在时间或空间上失去控制地燃烧所造成的灾害。绝大多数火灾是一种社会现象,发生火灾的主要原因有三个方面:一是人为的不安全行为(含故意放火或过失引燃火);二是物质的不安全状态;三是施工和实验中工艺技术上的缺陷。而人的不安全行为是最主要的因素。

2. 火灾的分类

火灾根据可燃物的类型和燃烧特性,分为 A、B、C、D、E、F 六大类。

A 类火灾指固体物质火灾。这种物质通常具有有机物质性质,一般在燃烧时能产生灼热的余烬。如木材、干草、煤炭、棉、毛、麻、纸张、塑料(燃烧后有灰烬)等火灾。

B 类火灾指液体或可熔化的固体物质火灾。如煤油、柴油、原油、甲醇、乙醇、沥青、石蜡等火灾。

C 类火灾指气体火灾。如煤气、天然气、甲烷、乙烷、丙烷、氢气等火灾。

D 类火灾指金属火灾。如钾、钠、镁、钛、锆、锂、铝镁合金等火灾。

E 类火灾指带电火灾。物体带电燃烧的火灾。

F 类火灾指烹饪器具内的烹饪物(如动植物油脂)火灾。

3. 火灾等级划分

根据 2007 年 6 月 26 日公安部下发的《关于调整火灾等级标准的通知》,新的火灾等级标准由原来的特大火灾、重大火灾、一般火灾 3 个等级调整为特别重大火灾、重大火灾、较大火灾和一般火灾 4 个等级。

特别重大火灾指造成 30 人以上死亡,或者 100 人以上重伤,或者 1 亿元以上直接财产损失的火灾。

重大火灾指造成 10 人以上 30 人以下死亡,或者 50 人以上 100 人以下重伤,或者 5000 万元以上 1 亿元以下直接财产损失的火灾。

较大火灾指造成 3 人以上 10 人以下死亡,或者 10 人以上 50 人以下重伤,或者 1000 万元以上 5000 万元以下直接财产损失的火灾。

一般火灾指造成 3 人以下死亡,或者 10 人以下重伤,或者 1000 万元以下直接财产损失的火灾。(注:"以上"包括本数,"以下"不包括本数。)

4. 常见火灾的起因

(1)生活火灾。生活用火一般是指人们的炊事用火、取暖用火、照明用火、吸烟、烧荒、燃放烟花爆竹等,由生活用火造成的火灾称为生活火灾。随着社会的全面发展进步,炊事、取暖用火的能源选择日益广泛,有燃气、烧煤、烧油、烧柴、用电等多种形式。学生生活用火造成火灾的现象屡见不鲜,原因也多种多样,主要有:在宿舍内违章乱设燃气、燃油、电器火源;火源位置接近可燃物,乱拉电源线路,电线穿梭于可燃物中间;违反规定存放易燃易爆物品;使用大功率照明设备。用纸张、可燃布料做灯罩;乱扔烟头,躺在床上吸烟,在室内燃放烟花爆竹,玩火等。

(2)电气火灾。目前大学生拥有大量的电器设备,大到电视机、洗衣机、电脑,小到台灯、充电器、电吹风,还有违章购置的电热炉等电热器具。由于学生宿舍所设电源插座较少,少数学生违章乱拉电源线路,不合规范程序的安装操作致使电源短路、断路、接点接触电阻过大、负荷增大等引起电气火灾的隐患因素多。个别大学生购置的电器设备如果是不合格产品,也是致灾因素,尤其是电热器的大量使用,引发火灾的危险性最大。

(3)自然现象火灾。自然现象火灾不常见,这类火灾基本有两种,一是雷电,一是物质的自燃。雷电是常见的自然现象,它是大气层运动,产生高压静电再放电,放电电压有时达到几万伏,释放能量巨大。当作用于地球表面时,具有相当大的破坏性。它产生的电弧可成为引起火灾的直接火源,摧毁建筑物或窜入其他设备可引起多种多样的火灾。预防雷电火灾就必须合理安排避雷设施。自燃是物质自行燃烧的现象。如黄磷、锌粉、铝粉等燃点低的一类物质在自然环境下就可燃烧;钾、钠等碱金属遇水即剧烈燃烧;不干燥的柴草、煤泥,沾油的化纤、棉纱等大量堆积,经生物作用或氧化作用积聚大量热量,使物质达到自燃点而自行燃烧发生火灾。所以对自燃物品一定要以科学的态度和手段加强日常管理。

（4）人为纵火。纵火都带有目的，一般多发生在晚上夜深人静之时，有较大的危害性。有旨在毁灭证据、逃避罪责或破坏经济建设等多种形式的刑事犯罪分子纵火，还有旨在烧毁他人财产或危害他人生命的私仇纵火等。这类纵火都是国家严厉打击的犯罪行为。另外，还有精神病人纵火，是由于病人对自己的行为无法控制而产生的，所以精神病人的监护人一定要履行好自己的监护职责。

第二节　校园火灾成因案例分析

从下面比较典型的校园火灾案例可以看出，有些学校管理部门常以经费少为由，不注重改造年久失修的电源线路，轻视校园防火安全问题；还有少数人及个别大学生思想上法律意识淡薄，忽视学校的防火安全制度，只顾自己生活方便，不注意个人行为小节，缺乏消防安全基本知识；不懂实验仪器、操作机理，不会扑救初起火灾技能和火场逃生要领，致使火灾事故不断发生，危害了校园公共安全。甚至面对火灾束手无策，酿成了一幕幕悲剧。那么，要减少火灾、远离火灾，就必须从我做起，从现在做起，树立牢固的消防安全意识，掌握火灾防范规律，使校园环境始终处于安全稳定和谐之中。

案例 1

2006 年 9 月的一天下午，西安某高校实验室有两人正在实验时骤然起火，学校保卫人员和公安消防车迅速赶到现场灭火施救，明火经过两个多小时扑救全部熄灭。

案例剖析

经过现场勘查，做实验的人是一名博士和一名硕士兄弟俩，他们在实验室用小型电动搅拌器搅拌塑料水桶内的不明物质，不明物质突然发出带有冲击波的一声闷响，蹲在地上围着搅拌桶的二人身上迅速燃起明火,随后引燃室内易燃物品,将室内的桌椅、少量化学试剂、计算机及实验用具全部烧毁,造成国家财产损失,影响很坏。火灾的严重后果是二人一死一伤,给其家庭带来惨痛的悲剧。因此,做实验前要充分考虑实验步骤的合理性,必须规范实验,或在专业教师指导下进行实验,才能避免恶性事故的发生。

案例 2

2008 年 11 月的一天早晨,上海某学院学生寝室发生火灾。该寝室过火面积 20 平方米左右,因房内烟火过大,4 名女大学生分别从阳台跳下逃生,结果 4 人均当场死亡。失火未殃及周边的寝室,消防人员 10 分钟内赶到现场,将大火及时扑灭。

案例剖析

火灾原因是一名学生前一天晚上违规使用"热得快",并且停电后没有拔下插头,第二天早晨宿舍来电后因电流过大引发热得快过热并将周围可燃物引燃所致。这起火灾的教训是决不能在宿舍使用"热得快"烧水,"热得快"造成学生宿舍火灾的案例非常多。当高层楼房宿舍失火后,无法从门里向外逃生时,切不可惊慌失措,更不能盲目跳楼、跳窗,应采取防火措施躲避,等待救援。从当时火情看,4 名同学如果躲到阳台外角,不致全部丧生。

案例 3

2010 年 11 月的一天凌晨,为了迎接百年校庆,修缮中的清华大学百年建筑、学校标志性建筑之一"清华学堂"突发大火。经 308 名消防官兵两个多小时的全力扑救,大火终于被扑灭。火灾的过火面积达 800 平方米左右,烧掉了这座古老建筑的三分之一,但未造成人员伤亡。

案例剖析

火灾原因有关方面未作结论,但不排除有人动用明火引起的可能。"清华学堂"和学校一些其他古建筑被列入全国重点文物保护单位名单,具有较高的历史价值、艺术价值和科学价值,堪称中国近代大学建筑的佳作和典范。因此,管理方、施工方都应深刻反思。同时告诫大家对重点要害部位任何时候都要加强安全防范,杜绝火灾事故。

案例 4

2015 年 12 月 18 日上午 10 时 10 分左右,清华大学实验所用氢气瓶意外爆炸、起火,过火面积 80 平方米。事故造成清华大学学生孟某身亡。

案例剖析

火灾原因相关部门未做出结论,从现场来看,爆炸的是一个氢气钢瓶,爆炸点距离操作台两三米处,钢瓶底部爆炸。钢瓶原长度大概一米,爆炸后只剩上半部大概 40 厘米。据了解,钢瓶厚度为一厘米,可见当时爆炸威力巨大。

案例 5

2016 年 8 月,烟台大学 4 天内发生 2 起火灾。8 月 14 日,烟台大学 2 号公寓发生火灾,一人烧伤面积达 40%;8 月 17 日凌晨 1 时 30 分左右,烟台大学 13 号公寓发生火灾,整个宿舍楼 300 多人在浓烟中疏散、安全撤离,所幸没有人员受伤。

案例剖析

8 月 14 日火灾原因是两名留校学生在走廊使用液体酒精炉吃火锅,在没有熄灭火焰的情况下添加酒精。酒精是易燃物,在未熄灭火焰情况下添加酒精,非常容易引起爆燃;8 月 17 日火灾原因是留校学生在宿舍点燃了蚊香(据说放在鞋盒子里,且周边堆有杂乱的衣物等可燃物),然后外出上网。蚊香点燃了可燃物导致整个宿舍全部烧毁。

案例 6

2018 年 11 月 11 日，晚上 12 时左右，西安某高校学生宿舍发生火灾，索性当天是电商平台购物狂欢节，多数学生都在网购，没有睡觉，疏散及时，没有造成人员伤亡。学校保卫处人员迅速到场将明火扑灭。

案例剖析

火灾原因是学生高某将电动车锂电池带回宿舍充电，锂电池在充电过程中发生起火爆炸。经了解，高某的电动车是新买的，是知名品牌，并且有检验合格证。那电池为什么发生爆炸呢？

案例 7

2020 年 1 月 1 日，下午 6 点半左右，西安某高校学生宿舍发生火灾，幸好对面楼楼管员发现了窗户上的火光，及时报告学校保卫处，保卫处人员迅速到场将明火扑灭。

案例剖析

火灾原因是学生李某在宿舍玩游戏过程中抽烟，并随手将未熄灭的烟头扔进了垃圾桶，之后外出吃饭。垃圾桶内有大量卫生纸、塑料纸等易燃品，烟头将易燃品引燃，而后将木质衣柜引燃，所幸楼管员发现及时，没有造成更大的损失。

第三节　常用灭火器的选择和使用方法

灭火器是由筒体、器头喷嘴借助内压将所灌装的灭火剂喷出的移动式器具。灭火器具有结构简单、轻便灵活、操作方便、使用面广的特点，是扑救初起火灾最有效的工具之一。同学们在校园里学习生活中只要留心就会看到公寓宿舍楼道、实验室、教室和礼堂等地方,都摆放着灭火器。灭火器的配置是按建筑危险等级经过计算配置的,一般情况将配置好的灭火器放在灭火器箱内,或挂在距地面 1.5 米的墙上,如果一旦发生火灾,必须沉着冷静,可以根据火情大小,一边报警一边用灭火器灭火。

一、常用灭火器的种类及选择

1. 灭火器的种类

灭火器的种类很多,一般可按三种方式分类。按其移动方式可分为手提式和推车式灭火器;按驱动灭火剂的动力来源可分为储气瓶式、储压式、化学反应式灭火器;按所罐装的灭火剂则又可分为泡沫、干粉、卤代烷、二氧化碳、酸碱、清水等灭火器。

2. 灭火器的选择

我们面对初起的火情,不能盲目地使用灭火器,要根据燃烧物质种类的不同性质有选择性地使用灭火器灭火。

(1)扑救固体物质初起火灾(A 类火灾),可选择水型灭火器、泡沫灭火器、磷酸铵盐干粉灭火器、卤代烷灭火器。

(2)扑救液体火灾和可熔化的固体物质火灾(B 类火灾),可选择泡沫灭火器(化学泡沫灭火器只限于扑灭非极性溶剂)、干粉灭火器、卤代烷灭火器、二氧化碳灭火器。

(3)扑救气体火灾(C 类火灾),可选择干粉灭火器、卤代烷灭火器、二氧化碳灭火器等。

(4)扑救金属火灾(D 类火灾),可选择粉状石墨灭火器,也可用干砂或铸铁屑末代替。目前,一般校园里不配备这种专用干粉灭火器。

(5)扑救带电物体火灾(E 类火灾),可选择干粉灭火器、卤代烷灭火器、二氧化碳灭火器等。带电火灾包括家用电器、电子元件、电气设备(计算机、复印机、打印机、传真机、发电机、电动机、变压器等精密实验仪器)以及电线电缆等燃烧时仍带电的火灾。而顶挂、壁挂的日常照明灯具及起火后可自行切断电源的设备所发生的火灾则不应列入带电火灾范围。

（6）扑救烹饪器具内的烹饪物（如动植物油脂）火灾（F 类火灾），可选择干粉灭火器。

此外，扑救档案文献资料和重要图书、珍藏绘画火灾，必须选择卤代烷灭火器等专用灭火器。否则，火灾虽然扑灭，但是需要保存的东西也成了废物，失去了应有的价值。

二、使用方法

火灾初起燃烧时范围小、火势弱，是人们用灭火器灭火的最佳时机。因此，正确合理地使用灭火器灭火显得非常重要。下面是一些常用的灭火器及消火栓使用方法。

1. 二氧化碳灭火器的使用方法

主要针对各种易燃、可燃液体、可燃气体火灾，也可扑救仪器仪表、图书档案、工艺品和低压电器设备等初起火灾。把灭火器提到或扛到火场附近，在距离燃烧物 5 米左右，放下灭火器拔出保险销，一手握住喇叭筒根部的手柄，另一只手紧握启闭阀的压把。对没有喷射软管的二氧化碳灭火器，应把喇叭筒往上扳 70 ~ 90 度。使用时，不能直接用手抓住喇叭筒外壁或金属连线管，防止手被冻伤。灭火时，当可燃液体呈流淌状燃烧时，使用者将二氧化碳灭火剂的喷流由近而远向火焰喷射。如果可燃液体在容器内燃烧时，使用者应将喇叭筒提起。从容器的一侧上部向燃烧的容器中喷射。但不能将二氧化碳射流直接冲击可燃液面，以防止将可燃液体冲出容器而扩大火势，造成灭火困难。使用二氧化碳灭火器，在室外使用时，应选择在上风方向喷射。在室内窄小空间使用时，灭火后操作者应迅速离开，以防窒息（如图 6-1 所示）。

2. 手提式干粉灭火器的使用方法

主要针对各种易燃、可燃液体和气体火灾，以及电器设备火灾。灭火时，可手提或肩扛灭火器快速奔赴火场，在距离燃烧处 5 米左右，放下灭火器。如在室外，应选择站在上风方向喷射。使用的干粉灭火器若是储气瓶式，操作者应一手紧握喷枪、另一手提起储气瓶上的开启提环。如果储气瓶的开启是手轮式的,则向逆时针方向旋开,并旋到最高位置,随即提起灭火器。当干粉喷出后,迅速对准火焰的根部扫射灭火。使用的干粉灭火器若是储压式,操作者应先将开启压把上的保险销拔下,然后握住喷射

图6-1　二氧化碳灭火器使用方法图示

软管前端喷嘴部,另一只手将开启压把压下,打开灭火器进行灭火(如图6-2所示)。灭火器在使用时,一手应始终压下压把,不能放开,否则会中断喷射。干粉灭火器扑救可燃、易燃液体火灾时,应对准火焰根部扫射,如果被扑救的液体火灾呈流淌燃烧时,应对准火焰根部由近而远,并左右扫射、直至把火焰全部扑灭。如果可燃液体在容器内燃烧,使用者应对准火焰根部左右晃动扫射,使喷射出的干粉流覆盖整个容器开口表面;当火焰被赶出容器时,使用者仍应继续喷射,直至将火焰全部扑灭。在扑救容器内可燃液体火灾时,应注意不能将喷嘴直接对准液面喷射,防止喷流的冲击力使可燃液体溅出而扩大火势,造成灭火困难。如果当可燃液体在金属容器中燃烧时间过长,

容器的壁温已高于扑救可燃液体的自燃点,此时极易造成灭火后再复燃的现象,若与泡沫类灭火器联用,则灭火效果更佳。

　　使用磷酸铵盐干粉灭火器扑救固体可燃物火灾时,应对准燃烧最猛烈处喷射,并从上下、左右扫射。如条件许可,使用者可提着灭火器沿着燃烧物的四周边走边喷,使干粉灭火剂均匀地喷在燃烧物的表面,直至将火焰全部扑灭。

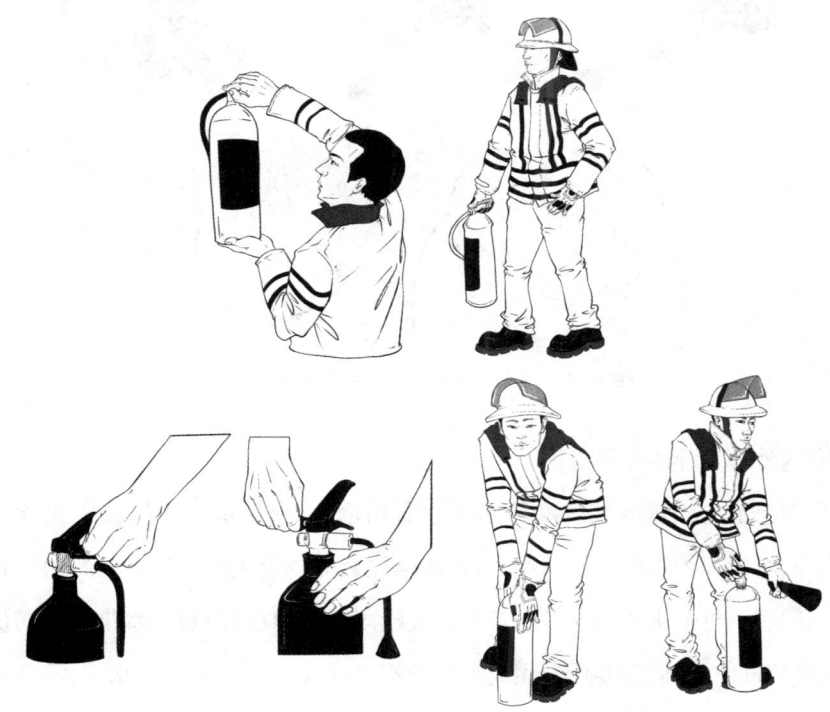

图6-2　干粉灭火器使用方法图示

3. 推车式干粉灭火器的使用方法

　　推车式干粉灭火器的使用方法与手提式干粉灭火器的使用方法相同。只是推车式干粉灭火器的体积相对较大,灭火使用时间长(如图6-3所示)。一般情况在重点防火部位配备有推车式干粉灭火器。

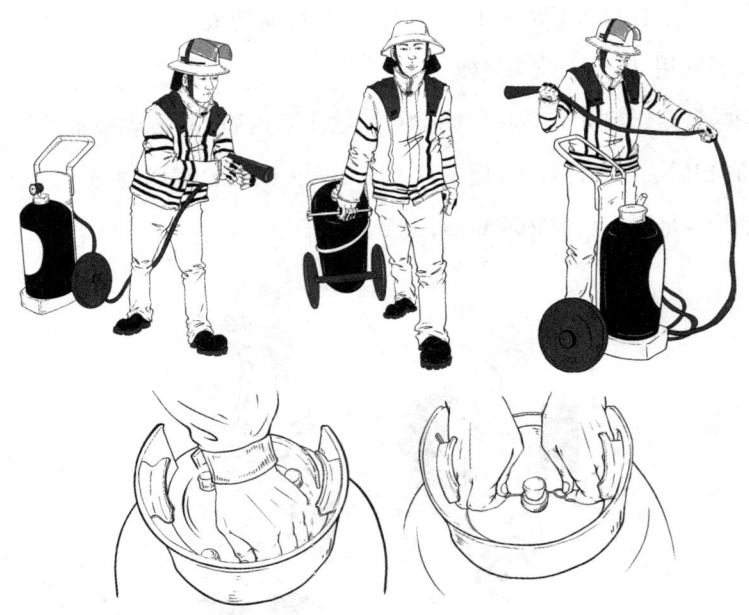

图6-3 推车式干粉灭火器使用方法图示

4.室内外消火栓的使用方法

室内墙上消火栓箱内装有消防水带卷盘和枪头,紧急情况下击碎消火栓箱门玻璃,把枪头、水带和消防供水接口接好,将水枪拉至需要灭火的部位,水带要拉直,然后再打开阀门用水枪喷水实施扑救。室外消火栓同样需要接好枪头、水带和消防供水接口,把水枪拉直使用,但需要用专用扳手打开消火栓阀门喷水灭火。切记,不能用消火栓水扑救的火灾有:

(1)碱金属火灾。因为水与碱金属(如金属钾、钠)作用后能使水分解而生成氢气和放出大量热,容易引起爆炸。

(2)碳化碱金属、氢化碱金属火灾。如碳化钾、碳化钠、碳化铝和碳化钙以及氢化钾、氯化镁遇水能发生化学反应,放出大量热,可能引起着火和爆炸。

(3)轻于水的和不溶于水的油品或易燃液体火灾。

(4)熔化的铁水、钢水不能用水扑救。因铁水、钢水温度约在1600摄氏度,水蒸气在 1000 摄氏度以上时能分解出氢和氧,有引起爆炸危险。

(5)三酸(硫酸、硝酸、盐酸)不能用强大水流扑救,必要时可用喷雾水流扑救。

(6)高压电气装置火灾。在没有良好接地设备或没有切断电流的情况下,不能用水扑救。

因为 1211 型灭火器对臭氧层破坏力强,我国已于 2005 年停止生产 1211 灭火剂,不再介绍。

第四节　火灾的预防与扑救

火灾虽然具有不可预见性和突发性。但是,我们只要认真贯彻执行国家消防法规,自觉遵守学校消防安全管理规定,大学生在校学习、日常生活和实验过程中注意一些细节问题,有些火灾是可以避免的。即使发生火灾事故,只要采取正确方法及时扑救,也可以减少火灾事故损失。所以说,做好火灾预防是防止火灾发生的关键,也是校园消防安全工作的重中之重。

一、火灾的预防

火灾预防的关键是抓住防止产生燃烧的条件,不让燃烧三个条件相互结合并发生作用,以及采取限制、削弱燃烧条件发展的办法,阻止起火。主要是控制可燃物,以非燃或不燃材料代替易燃或可燃材料。隔绝助燃物,就是使可燃性气体、液体、固体不与空气、氧气或其他氧化剂等助燃物接触,即使有火源,也会因为没有助燃物参与而不发生燃烧。消除着火源,严格控制明火源、电火源,防止摩擦撞击起火,防止静电火花等。下面谈谈常见火灾预防。

1. 教室火灾的预防

教室使用时要保证能够全部打开房门(教室建筑设计有两个或多个门),以方便人们遇到紧急情况时迅速疏散。不能在易燃物边上使用大功率电器;不得违反操作规程使用电子教具;对电源线路、插座的负荷要核算检查,防止老化现象发生短路;示教用后的易燃物品要及时清理;在教室内严禁吸烟、乱丢烟头。

2. 图书馆的火灾预防

图书馆是学生借阅书籍、查找资料和研修的场所,人员密集。图书资料是学校的知识宝库,一般情况图书馆都是防火重点部位,所以要经常对图书馆的电源线路、插座、电器设备进行安全检查,发现火灾隐患及时整改。馆内的装饰要用阻燃材料,不能在图书馆里用火柴、打火机随意点火,更不能在停电的情况下持点燃的蜡烛入库查找书籍。不允许在图书馆里堆放其他可燃杂物,要始终保持疏散通道畅通。

3. 宿舍火灾预防

学生公寓是学生在学校的"家",除了上课、研修、用餐和外出活动,学生的大部分时间都在宿舍度过。如果发生火灾,特别是在夜间,将对学生的生命财产安全构成严重的威胁。因此,学校领导和各级管理部门必须高度重视学生公寓火灾的防范,投入资金保证硬件防火设施完好,强化学生消防安全意识。同时,同学们在学生宿舍要自觉做到十不准:

(1)不准私拉乱接电线,擅自变动电源设备。

(2)不准卧床吸烟和乱扔烟头。

(3)不准占用、堵塞疏散通道。

(4)不准在楼内焚烧杂物。

(5)不准携带易燃易爆物品入舍或存放。

(6)不准使用"热得快"等电热器具。

(7)不准使用酒精炉等明火器具。

（8）不准给电动车或电瓶充电。

（9）不准无人不关电源。

（10）不准损坏灭火器和消防设施。

熟记宿舍到安全通道位置和路线,使用照明台灯、笔记本电脑和手机电池充电时不要靠近可燃物。在宿舍里不要用点燃的蜡烛照明,以防引燃可燃物造成火灾。

4.常用电器火灾的预防

随着人们生活水平的提高,学生中使用和接触常用电器的人越来越多,留学生公寓配备的电器更多,如电吹风、电风扇、电脑、电熨斗、电视机、空调器和吸尘器等。如果不能规范使用这些电器,或者电器出现意外,都会引起火灾。所以,掌握好常用电器防火安全常识必不可少。

（1）电吹风防火安全措施。电吹风的电源插座以及导线要符合防火安全要求,连接要紧密牢靠;谨防敲打、跌碰和禁止拆卸电吹风,以免损坏发热元件以及绝缘装置,造成漏电甚至短路,发生危险;使用电吹风时人员不能离开,更不能将其随意放置在台凳、沙发、床垫等可燃物上;电吹风使用完毕一定要及时切断电源;使用电吹风突然停电而人员要离开时,一定要关闭电源,否则供电恢复时,会因为现场无人,电吹风长时间工作引起火灾。

（2）电风扇防火安全措施。每年使用电风扇前都要检查电源线路是否有破损;使用电风扇应注意防潮、防晒、防灰尘;开启电风扇应在低速挡启动电扇后再调到高速挡;电风扇的电源电压要符合要求,经常向油孔部位注射润滑油。电风扇必须远离窗帘、蚊帐、窗围布等,以防被卷入后烧损电机起火;禁止微型电风扇悬挂于蚊帐内使用;长时间使用风扇要适时断电,谨防电扇电机过热。

（3）空调防火安全措施。空调应避开窗帘;不要短时间内连续切断、接通空调器的电源;当停电或拔掉插头后,一定要将选择开关置于"停"的位置,接通电源后重新按启动步骤操作;一般空调器的耗电功率为 1~3 千瓦,其电源线路的安装和连接必须符合额定电流不低 5~15 安培的要求,要设立单独的过载保护装置;在运行中若发现有异味或冒烟,应立即停机检查。

(4)电熨斗防火安全措施。电熨斗的电线应采用耐温度较高的橡皮护套软线或花线,以免发生触电;严禁在无人照管的情况下,将熨斗接通电源;通电后电熨斗切勿放在易燃物品上;电熨斗使用完毕要及时切断电源,不应将用过的电熨斗放在可燃物上,以免引起火灾。

5.吸烟烟头引发火灾的预防

大学生中有些同学有吸烟的不良嗜好,如果吸烟时不注意场合、地点,行为随意,就会引发火灾。烟头表面温度为 200 摄氏度~300 摄氏度,中心温度可达 700 摄氏度~800 摄氏度,它超过了棉麻、毛织物、纸张、家具等可燃物的燃点。所以,决不能在禁烟区域吸烟,也不能躺在床上、沙发上吸烟。如果正在吸烟时,临时有其他事情外出,应将烟头熄灭后再离开。把划过的火柴梗和吸剩的烟头,一定要熄灭。未熄灭的火柴梗、烟头要放进烟灰缸或痰盂内;要使用玻璃、陶瓷、金属烟灰缸,不能用火柴盒、烟盒当烟灰缸,不能把烟头、火柴梗扔在废纸篓里,更不能将吸剩的烟头随处乱丢乱扔,若乱扔烟头接触到可燃物,容易引起燃烧起火。

6.驱蚊引发火灾的预防

夏季,尤其是夜晚,人们常常驱赶蚊虫,但在使用蚊香驱蚊时,要了解蚊香的特性,蚊香具有很强的阴燃能力,点燃后没有火焰,但能长时间持续燃烧。蚊香燃烧时,中心温度高达 700 摄氏度,超过了多数可燃物的燃点,如果稍有不慎,一旦点燃的蚊香接触到周围的可燃物便会燃烧,就会引起火灾。所以,点燃的蚊香要放在金属支架上,要远离窗帘、报纸、花露水和书本等可燃物,千万不能直接放在木板或其他可燃物上。自制的蚊香点燃后,应放在搪瓷脸盆里,或用砖块垫底。室外自制蚊香点火驱蚊时,要有人看管,做到人走火灭。最好用"灭蚊剂"或驱蚊器驱蚊,这样比较安全。

7. 焚烧杂物引发火灾的预防

使用明火,最容易引发火灾,因为明火实际上是正在发生的燃烧现象,一旦其失去控制马上便会转化为火灾。道理虽然简单明了,但有的人却常常不以为然,随意在宿舍内焚烧废弃书本杂物,最终不仅自食苦果,还殃及他人。还有一些勤工俭学的学生或保洁员,图省力气,在春、秋季节把树叶、柳絮扫到一堆,点火焚烧,当人离开后,风把未熄灭的火种吹到周围的可燃物上引发火灾的事例常常发生。因此,学校规定严禁随意动用明火和焚烧树叶。

8.使用锂电池引发火灾的预防

现代生活离不开锂电池,手机、笔记本电脑等都有锂电池。它的特点是体轻、高效、耐低温,但是使用不当也可引发火灾,锂电池中的许多材料与水接触后,可发生剧烈的化学反应并释放出大量热能导致发热、燃烧现象。锂电池正极的二氧化锰,只沾一小滴水便可出现发热现象。锂电池中的氯化亚硫与水接触后,在生成盐酸和二氧化硫的同时释放热能,形成火种。因此,在使用锂电池时一定要注意防水、防潮。各种主机停用后,应取下锂电池置于干燥、低温处妥善保管,以避免引发火灾。

二、火灾的扑救

我们知道火灾具有不确定性,一旦发现火险、火灾就要想办法进行立即扑救,决不能延误时机。否则,一起小火就可能变成一场大灾,留给人们的是难以想象的灾难和悲剧。总结以往造成的群死群伤及重大经济损失的火灾教训,提高人们扑救初起火灾的能力尤为重要,这就需要我们大学生了解掌握火灾的发展阶段和灭火原理,熟知火灾扑救过程中应当遵循的原则和基本知识。

1.火灾发展的阶段

任何一起火灾,都有一个从小到大的发展过程,通常根据其温度变化分为三个阶段,即初起阶段、发展阶段和猛烈阶段。

(1)火灾初起阶段。一般固体可燃物质起火燃烧后,在十几分钟内,火源面积较小,燃烧强度弱,火焰不高,辐射热不强,烟和气体流动缓慢,火焰温度可能在500摄氏度左右,燃烧速度不快。此时是扑救的最佳时机,只要发现及时,立即用灭火器材或就近寻找简易的工具就能把火扑灭。

(2)火灾发展阶段。由于初起火灾没有及时发现或扑灭,随着燃烧时间的延长,温度可达到 700 摄氏度以上,周围的可燃物质或建筑构件被迅速加热,气体对流增强,燃烧速度加快,燃烧面积迅速扩大,火势突破外壳。此时须投入相当的力量,并立即报火警及时采取正确的措施来控制火势的发展。

(3)火灾猛烈阶段。如果火灾在发展阶段没有得到控制,由于燃烧时间继续延长,燃烧速度不断加快,燃烧面积不断迅速扩大,温度急剧上升,气体对流达到最快速度,辐射热最强,建筑构件的承重能力急剧下降。此时,必须组织更多的灭火力量或由专业消防人员,经过较长时间才能控制火势,扑灭火灾。

2. 火灾扑救的灭火方法

根据燃烧的基本条件,一切火灾扑救灭火措施,都是为了破坏已经形成的燃烧条件或终止燃烧的连锁反应而使火熄灭,以及把火势控制在一定范围内,最大限度地减少火灾损失。所以,要针对不同的火情,采取正确的灭火方法。

(1)冷却灭火法。就是将灭火剂直接喷洒在燃烧着的物体上,将可燃物质的温度降低到燃点以下,终止燃烧,如用水扑灭火。

(2)隔离灭火法。就是将燃烧物体与附近的可燃物质隔离或疏散开,使燃烧停止。

(3)窒息灭火法。就是阻止空气流入燃烧区,或用不燃物质冲淡空气,使燃烧物质断绝氧气的助燃而熄灭,如用泡沫灭油类火灾。

(4)抑制灭火法(化学中断法)。就是使灭火剂参与到燃烧反应历程中,使燃烧过程中产生的游离基消失,而形成稳定分子或低活性游离基,使燃烧反应停止。如干粉灭火剂灭气体火灾。

3. 正确报警的方法

(1)要牢记火警电话"119"和学校保卫处报警电话。

(2)接通电话后要沉着冷静,向接警中心讲清失火单位的名称、地址、什么东西着火、火势大小以及着火的范围。同时还要注意听清对方提出的问题,以便正确回答。

(3)把自己的电话号码和姓名告诉对方,以便联系。

(4)打完电话后,要立即到交叉路口等候消防车的到来,以便引导消防车迅速赶到火灾现场。

（5）迅速组织人员疏通消防车道，清除障碍物，使消防车到火场后能立即进入最佳位置灭火救援。

（6）如果着火地区发生了新的变化，要及时报告消防队，使他们能及时改变灭火战术，取得最佳效果。

（7）在没有电话或没有消防队的地方，如农村和边远地区，可采用敲锣、吹哨、喊话等方式向四周报警，动员乡邻来灭火。

第五节　疏散与逃生自救

一场火灾突然降临，被火围困的人员都会感到大难临头，于是会发生互相拥挤、拼命争逃的现象。为什么有的人仓惶逃命，性命难保；有的人跳楼丧生或造成终身残疾；也有人化险为夷，死里逃生。当然，这与起火时间、地点、火势大小、消防设施完好程度等因素有关，但更重要的是被火围困的人员有没有火场自救逃生的本领。所以，大学生必须掌握好火场自救与逃生技能。

一、火场自救

在火灾中，被困人员应有良好的心理素质，保持镇静，不要惊慌，不盲目地行动，选择正确的逃生方法。必须注意的是，火灾现场的温度是十分惊人的，而且烟雾会挡住你的视线。当我们在电影和电视里看到火灾场面时，一切都非常清晰，那是在火场上的浓烟以外拍摄的。当处于火灾现场时，能见度非常低，甚至在长期居住的房间里也搞不清楚窗户和门的位置，在这种情况下，更需要保持镇静，不能惊慌。

如果你被困火灾中,你应当利用周围一切可利用的条件逃生,可以利用消防电梯、室内楼梯进行逃生,普通电梯千万不能乘坐,因为普通电梯极易断电,没有防烟功效,火灾发生时被卡在空中的可能性极大。同时,也可以利用建筑物外墙的水管进行逃生。

发生火灾后,会产生浓烟,遇到浓烟时要马上停下来,千万不要试图从烟火里出来,在浓烟中采取低姿势爬行。火灾中产生的浓烟由于热空气上升的作用,大量的浓烟将漂浮在上层,因此在火灾中离地面30厘米以下的地方还应该有空气,因此浓烟中尽量采取低姿势爬行,头部尽量贴近地面。

在浓烟中逃生,人体如果防护不当,容易将浓烟吸入人体,导致昏厥或窒息,同时眼睛也会因烟的刺激,导致刺痛而睁不开。此时,可以利用透明塑料袋,透明塑料袋不分大小都可利用,使用大型的塑料袋可将整个头罩住,并提供足量的空气供逃生之用,如果没有大型塑料袋,小的塑料袋也可以,虽然不能完全罩住头部,但也可以遮住口鼻部分,供给逃生需要的空气。使用塑料袋时,一定要充分将其完全张开,但千万别用嘴吹开,因为吹进去的气体都是二氧化碳,效果适得其反。

如果是晚上听到报警,首先应该用手背去接触房门,试一试房门是否已变热,如果是热的,门不能打开,否则烟和火就会冲进室内;如果房门不热,火势可能还不大,通过正常的途径逃离房间是可能的。离开房间以后,一定要随手关好身后的门,以防火势蔓延。

二、逃生方法

"只有绝望的人,没有绝望的处境。"面对滚滚浓烟和熊熊烈焰,只要冷静机智运用火场自救与逃生知识,就有极大可能拯救自己。因此,掌握多一些火场自救的要诀,困境中也许就能获得第二次生命。

(1)熟悉环境,记住出口。当你处在陌生的环境时,为了自身安全,务必留心疏散通道、安全出口及楼梯方位等,以便关键时候能尽快逃离现场。请记住:在安全无事时,一定要居安思危,给自己预留一条通路。

（2）通道出口,畅通无阻。楼梯、通道、安全出口等是火灾发生时最重要的逃生之路,应保证畅通无阻,切不可堆放杂物或设闸上锁,以便紧急时能安全迅速地通过。请记住:自断后路,必死无疑。

（3）扑灭小火,惠及他人。当发生火灾时,如果发现火势并不大,且尚未对人造成很大威胁时,当周围有足够的消防器材,如灭火器、消防栓等,应奋力将小火控制、扑灭;千万不要惊慌失措地乱叫乱窜,置小火于不顾而酿成大灾。请记住:争分夺秒,扑灭"初期火灾"。

（4）保持镇静,明辨方向,迅速撤离。突遇火灾,面对浓烟和烈火,首先要强令自己保持镇静,迅速判断危险地点和安全地点,决定逃生的办法,尽快撤离险地。千万不要盲目地跟从人流,相互拥挤、乱冲乱窜。撤离时要注意,朝明亮处或外面空旷地方跑,要尽量往楼层下面跑,若通道已被烟火封阻,则应背向烟火方向离开,通过阳台、气窗、天台等往室外逃生。请记住:人只有沉着镇静,才能想出好办法。

（5）不入险地,不贪财物。身处险境,应尽快撤离,不要因害羞或顾及贵重物品,而把逃生时间浪费在寻找、搬离贵重物品上。已经逃离险境的人员,切莫重返险地,自投罗网。请记住:留得青山在不愁没柴烧。

（6）简易防护,蒙鼻匍匐。逃生时经过充满烟雾的路线,要防止烟雾中毒、预防窒息。为了防止火场浓烟呛入,可采用毛巾、口罩蒙鼻,匍匐撤离的办法。烟气较空气轻而飘于上部,贴近地面撤离是避免烟气吸入、滤去毒气的最佳方法。穿过烟火封锁区,应佩戴防毒面具、头盔、阻燃隔热服等护具,如果没有这些护具,那么可向头部、身上浇冷水或用湿毛巾、湿棉被、湿毯子等将头、身裹好,再冲出去。请记住:多件防护工具在手,总比赤手空拳好。

（7）善用通道,莫入电梯。按规范标准设计建造的建筑物,都会有两条以上逃生楼梯、通道或安全出口。发生火灾时,要根据情况选择进入相对较为安全的楼梯通道。除可以利用楼梯外,还可以利用建筑物的阳台、窗台、天台屋顶等攀到周围的安全地点,沿着落水管、避雷线等建筑结构中凸出物滑下楼也可脱险。在高层建筑中,电梯的供电系统在火灾时随时会断电或因热的作用电梯变形而使人被困在电梯内同时由于电梯井犹如贯通的烟囱般直通各楼层,有毒的烟雾直接威胁被困人员的生命。请记住:逃生的时候,乘电梯极危险。

(8)缓降逃生,滑绳自救。高层、多层公共建筑内一般都设有高空缓降器或救生绳,人员可以通过这些设施安全地离开危险的楼层。如果没有这些专门设施,而安全通道又已被堵,救援人员不能及时赶到的情况下,你可以迅速利用身边的绳索或床单、窗帘、衣服等自制简易救生绳并用水打湿,从窗台或阳台沿绳缓滑到下面楼层或地面,安全逃生。请记住:胆大心细,救命绳就在身边。

(9)避难场所,固守待援。假如用手摸房门已感到烫手,此时一旦开门,火焰与浓烟势必迎面扑来。逃生通道被切断且短时间内无人救援,这时候,可采取创造避难场所、固守待援的办法。首先应关紧迎火的门窗,打开背火的门窗,用湿毛巾或湿布塞堵门缝或用水浸湿棉被蒙上门窗然后不停用水淋透房间,防止烟火渗入,固守在房内,直到救援人员到达。请记住:坚盾何惧利矛。

(10)缓晃轻抛,寻求援助。被烟火围困暂时无法逃离的人员,应尽量待在阳台、窗口等易于被人发现和能避免烟火近身的地方。在白天,可以向窗外晃动鲜艳衣物或外抛轻型晃眼的东西;在晚上即可以用手电筒不停地在窗口闪动或者敲击东西,及时发出有效的求救信号,引起救援者的注意。请记住:充分暴露自己,才能争取有效拯救自己。

(11)火已及身,切勿惊跑。火场上的人如果发现身上着了火,千万不可惊跑或用手拍打。当身上衣服着火时,应赶紧设法脱掉衣服或就地打滚,压灭火苗;能及时跳进水中或让人向身上浇水、喷灭火剂就更有效了。请记住:就地打滚虽狼狈,烈火焚身可免除。

(12)跳楼有术,虽损求生。跳楼逃生,也是一个逃生办法,但应该注意的是:只有消防队员准备好救生气垫并指挥跳楼时或楼层不高(一般4层以下),非跳楼即烧死的情况下,才采取跳楼的方法。跳楼也要讲技巧,跳楼时应尽量往救生气垫中部跳或选择有水池、软雨篷、草地等方向跳;如有可能,要尽量抱些棉被、沙发垫等松软物品或打开大雨伞跳下,以减缓冲击力。如果徒手跳楼一定要扒窗台或阳台使身体自然下垂跳下,以尽量降低垂直距离,落地前要双手抱紧头部身体弯曲卷成一团,以减少伤害。请记住:跳楼不等于自杀,关键是要有办法。

(13)身处险境,自救莫忘救他人。任何人发现火灾,都应尽快拨打"119"电话呼救,及时向消防队报火警。火场中的儿童和老弱病残者,他们本人不具备或者丧失了自救能力,在场的其他人除自救外,还应当积极救助他们尽快逃离险境。

三、常见逃生错误

(1)冒险跳楼逃生。发生火灾时,当选择的逃生路线被大火封死,火势愈来愈大、烟雾愈来愈浓时,人们就很容易失去理智。此时,切记不要跳楼、跳窗,而应另谋生路,万万不可盲目采取冒险行为。

(2)从高处往低处逃生。特别是高层建筑一旦失火,人们总是习惯性地认为,只有尽快逃到一层,跑出室外,才有生的希望。殊不知,盲目朝楼下逃生,可能自投火海。因此,在发生火灾时,有条件的可登上房顶或在房间内采取有效的防烟、防火措施后等待救援。

(3)向光亮处逃生。在突遇火灾时,人们总是习惯向着有光、明亮的方向逃生。而这时的火场中,光亮之地正是火魔肆无忌惮地逞威之处。

(4)盲目跟着别人逃生。当人突然面临火灾威胁时,极易因惊慌失措而失去正常的判断思维能力,第一反应就是盲目跟着别人逃生。常见的盲目追随行为有跳窗、跳楼,逃(躲)进厕所、浴室、门角等。克服盲目追随的方法是平时要多了解与掌握一定的消防自救与逃生知识,避免事到临头没有主见。

(5)从进来的原路逃生。这是许多人在火灾中逃生会发生的行为。因为大多数建筑物内部的道路出口一般不为人们所熟悉,一旦发生火灾时,人们总是习惯沿着进来的出入口和楼道进行逃生,当发现此路被封死时,已失去最佳逃生时间。因此,当进入一幢新的大楼或宾馆等场所时,一定要对周围的环境和出入口进行必要的了解与熟悉,以防万一。

第六节　实验室防火安全和人身保护

实验室是高校的关键部位,它不同于一般场所,是科学技术研究创新的平台和基地,是科研成果产出的重要条件保障。据近年高校实验室事故统计表明,因火灾、爆炸和灼伤等受伤在学生伤害事故中占 44.7%,所以说同学们进入实验室后要掌握好防火安全与人身保护注意事项,避免发生意外事故。同学们要牢记在任何一个实验室工作,一定要清楚电源总开关、燃气总开关和水源总开关的位置,一旦发现异常情况,能够及时关闭总开关,消除隐患。同时,还要了解消防喷淋设施、急救箱和紧急疏散出口的位置,紧急情况下能做好自我救护。

一、实验室防火安全注意事项

1. 实验室管理安全注意事项

实验室应有专人负责安全管理,要建立健全安全管理制度,要对进入实验室的学生进行安全基本知识教育。实验室内不宜过多存放各种易燃、易爆、剧毒和腐蚀性的试剂,对有毒、易燃、易爆药品不得任意放置,确需使用危险化学品时,要严格按手续领取、登记造册、分类存放、防止丢失。对各种实验设备和仪器,应经常检查、调试,防止仪表失灵而发生事故。所有电器设备,按电力技术规范的要求使用,设备类型与使用环境应一致,并经常检查,发现问题及时解决。实验结束后应将剩余的药品、试剂收好,工作台面、地面擦拭干净,防止残留液、残渣引起事故。要切断电源、燃气管道,关闭门窗并上锁。

2. 实验教学仪器的防火注意事项

一般实验教学电子仪器都有过载保护设备,如保险丝,如果保险丝失灵或者更换保险丝时用一个大于规定值的保险丝,或用铜丝铝线替代,结果仪器控制元件失灵,电热设备继续加热,当达到周围物品的燃点时就会失火。还有操作人员的疏忽,用熔点仪做完实验后,没有将仪器关闭就离开实验室,仪器长时间通电过热造成实验室内的所有物品全部烧毁。有些热光源仪器、电加热仪器使用完后需要通风凉置一会儿,不能直接用罩布盖上,否则也会引起火灾。有些同学在使用电吹风吹干层折用滤纸时,打到热风挡,用完不关闭,而把其放在实验台上,这时电吹风里的电阻丝再加热,就容易将实验台烤糊、烤焦,电吹风用后要立即关闭。有的同学用烘箱烘烤玻璃仪器时,将木制试管架、塑料盆盘放入烘箱中,还在烘箱里隔板铺上纸,不清楚烘箱的底部都是电阻丝在加热,易燃物绝不能放入烘箱中。在使用电烙铁、电热器时要格外小心,不能在通电的情况下随意乱放,防止引燃周围的可燃物品。凡是电烘箱类的电器设备安放的场所都必须有防火隔热层(如水泥板或耐火材料板),绝不能用可燃物垫在下面。在使用教学仪器时不能把火柴、打火机、酒精灯和喷灯放在附近,严禁在实验室里吸烟。

3. 易燃易爆物品的防火注意事项

有些教学实验离不开燃气、酒精、汽油和燃料等易燃易爆物品,所以,开展实验前一定要详细了解所使用易燃易爆物品的性能、特点。如氢气、氧气等气体,乙醚、二甲苯、丙酮、三硝基苯磺酸、松节油、苦味酸等液体,油脂、松香、硫磺、无机磷等固体,这些易燃易爆物品在一定条件下均能引起燃烧和爆炸,必须妥善安置,正确使用。在实验室进行有危险性实验操作时,应根据化学药品特性、剂量使用,且要在专职教师指导下进行试验,以防事故发生。特别强调的是如果个人疏忽大意,就有可能造成无可挽回的后果。例如:不能将乙醚等易挥发品放入普通冰箱,由于挥发气体不断溢出,而普通冰箱启动时有时出现电火花,就有可能引起火灾。如果随手把剩余的乙醚倒入乙醇的瓶中,又错把乙醚当作乙醇倒入酒精灯中,若不及时发现,一点火势必引起爆炸:100克的乙醚蒸气可使1000立方米的空气爆炸。在加热和蒸馏有易燃试剂的实验中,决不能用明火加热,要用水浴并在通风橱中进行。处理易燃、易爆化学品时,不要把废弃的易燃液体倾注入水槽内,否则会引起下水道爆炸;废弃的易燃、易爆物应装入金属罐内,并加盖密封;不要把燃烧的或发光的火柴投入废料容器内、有易燃性气体的仪器,实验完毕后,以水注满或通入惰性气体将其清除。浸过易燃液体的物质不应任意放置在废物桶内,应该在露天下将其烧毁。易燃、易爆化学品贮藏室里应配备自动灭火装置。

4. 实验用高压气瓶的安全注意事项

实验室经常使用的气体有数十种,这些气体的性质各不相同,有的容易燃烧,如氢气、乙炔气;有的自己不会燃烧,但能助燃,如氧气等;有的有毒,如氯气(光气)等;有的较安全,既不会燃烧也不会助燃,又无毒性,如氮气。各种气体不可相混,相混就易出事故。如氢气混进了氧气,即使不接触明火,也会燃烧、爆炸。又如氮气,虽然是一种安全气体,可是如混进了其他气体,则非但起不到保护作用,反而会惹出祸端。再如装有液化丁烷的钢瓶内不能灌装液化甲烷,这是因为液化丁烷和液化甲烷的沸点相差很大(甲烷的沸点为−162摄氏度,丁烷的沸点为1.5摄氏度),而两者又同属烃类化合物,能完全混溶,当低沸点的液化甲烷溶入液化丁烷时,变成沸点以上的过热状态,而产生激烈的沸腾即爆沸现象,冲击钢瓶会发生爆炸。对高压气体钢瓶应专瓶专用,分类保管,直立固定,严禁将氯与氨,氢和氧,乙炔和氧混放在一个房间里,氢和氧可燃性的气体钢瓶与明火距离保持在10米以上。另外,购买回气瓶,必须对气瓶进行检查,如果发现气瓶的颜色、字样和所装气体不符,有漏气现象,应拒绝接收。气瓶漆色后不得任意涂改,除可加写气瓶所属单位的名称外,不得增添其他图案和标志。气瓶在使用时,不可将瓶内气体用完,以防止其他气体乘虚而入,一般应留有不少于0.05兆帕的余压。所以,当用到这一压力时,应立即停止用气,并关紧阀门,不使余气漏掉。

07 网络安全篇

第七章 网络不是法外之地

　　随着信息技术的飞速发展,社会信息化日益拓展,我们身处的这个世界已经无法离开互联网,同时互联网也正以前所未有的深度,改变着我们每一个人。作为出生在千禧年后的一代,当今的大学生对网络和信息技术绝不陌生。信息时代的到来为我们这一代人提供了巨大的快捷和便利,也深刻地改变了我们的日常生活、社交甚至思考的方式。当今的大学生,利用网络和信息技术学习、沟通和交流,在海量的数字信息海洋中检索知识和信息,网络前所未有地拓展了我们的视野和知识覆盖面,为我们了解自己所处的世界和时代打开了一扇跨越时空的窗户。

　　然而,互联网也是一把双刃剑。由于互联网使人们的交流突破了空间的限制,互联网也成为人们在日常生活中"负面人格"的集散地,近年来,诸如"网络暴力""网络谣言""网络色情"等网络世界的黑暗面频频出现在我们的视野中,网络空间所产生的负面影响甚至已经蔓延到我们的日常生活中,对社会的发展和进步造成了极为负面的影响。

　　党的十八届四中全会提出:加强互联网领域立法,完善网络信息服务、网络安全保护、网络社会管理等方面的法律法规,依法规范网络行为,为依法治网提供了理论基础和制度保障,未来,网络空间绝不可能成为法外之地,当代大学生也应当依法、依规使用网络,做网络空间中的好公民。

第一节 莫做网上"键盘侠"

"键盘侠"这个词起源于 2014 年,指部分在现实生活中胆小怕事,而在网上占据道德高点发表"个人正义感"和"个人评论"的人群,"键盘侠"亦可衍生为平时躲避社会群体,一旦脱离人群独自面对电脑敲键盘或用手机进行网络评论及聊天的时候,可以毫无顾忌谈笑风生,对社会各个方面评头论足。易盲目跟风,成为他人利用的对象。

近些年来,"网络水军""网络喷子"一类的词汇常常见诸报端,网络似乎成为人们释放戾气、不满的负面空间,一些网络空间中的负面言论,甚至超出了网络空间的范畴,对当事人在实际生活中造成了负面影响,甚至造成了极为严重的后果。那么,网上的"键盘侠"有什么表现? 当代大学生在使用网络表达自己观点时应当注意什么? 这一节让我们一起来学习。

案例 1

2017 年,一则女大学生网络行骗的微博引发大批网友关注。该微博中指出山西某大学刘姓女学生以美色在网络上行骗,更是晒出该学生行骗聊天记录以及多种证据截图。此事持续发酵,对于该学校以及该女大学生造成了很多负面影响。经媒体调查,最终发现:该事件微博举报人所述行骗截图和内容均为王姓网友提供,王某是刘某的微信好友,通过微信定位等一系列手段获取个人信息,其中含有身份证、行程安排和个人视频等重要信息。再将部分照片进行 PS 合成,其聊天内容为王姓网友刻意杜撰,该微博举报人受这位网友委托将其发布于网络平台。随后记者也与刘某取得联系,调查得知王某为刘某的追求者,因求爱被拒一时心生恨意,采取报复行为,故意在网上诋毁刘某形象。

案例 2

2017 年 8 月某日,因研究生考试失意而心怀不满的大学生景某正在家备考,上网逛贴吧时,看见有人发布了一条前几天手机被盗的视频,视频中有嫌疑人的面部特征,景某认为自己智商高,如果自己是警察的话,凭这些信息立马就能抓到盗窃嫌疑人。于是,他买了一个贴吧号,在贴吧渠道不断发表辱警言论对警方进行挑衅,网警发现后,在贴吧对其进行劝诫,并告知其公然侮辱他人或者捏造事实诽谤他人的,公安机关将按照《治安管理处罚法》给予处罚。景某见此不仅没有停止发表辱警言论,甚至开始在网上骂起网警来。从 8 月 18 日到 9 月 5 日,景某持续在贴吧公然辱骂网警,此举造成了恶劣的影响。公安机关为此对景某的贴吧号进行调查,找到其 IP,并锁定了其住址。9 月 5 日,当派出所民警到景某家中将其带回派出所时,景某害怕了,他很快将自己在网上诽谤、辱骂警察的细节和盘托出,在民警的教育下,他诚恳认错道歉。讽刺的是,景某以为自己承认错误就可以走了,还称以后想考公务员,没想到因扰乱公共秩序,散布虚假言论,警方依法对其处以了行政拘留 5 日的处罚。

案例 3

袁某是一名大学生,大学毕业后,先后在网络公司和连锁酒店工作,因经济压力大,当起了"网络水军",在网络上进行有偿发帖、删帖业务,之后发现其中可以赚钱后,其弟和妻子先后加入,之后袁某除了通过网站申诉通道删帖外,还直接联系网站编辑删帖,向对方提供报酬,再不行就找其他删帖中介从中赚取差价。就这样袁某在短期内,非法经营到了很大一笔钱。被抓获后,袁某交代,其靠发帖删帖挣 50 多万元。经审理查明,袁某及其亲属通过信息网络有偿提供删帖服务,总共获利 130 余万元。经审理,袁某等 6 人被判处 2~6 年不等的有期徒刑。

那么,大学生群体在网络空间中的活动有什么特点呢? 据《"键盘侠"现象的透视及引导——基于 20 名在校大学生访谈的梳理分析》一文分析,大学生"键盘侠"大多具备以下特点:

(1)其行为驱动力来源于青年人的"正义感",这种"正义感"就如同将士冲锋沙场为国而战的使命和感召,能够带给大学生很强的自我认同和社会认同。

(2)在网络空间发言有一种情绪宣泄的快感,用一个字概括就是"爽"。

(3)在网络发声以刷"存在感"为目的,或吸睛、或炒作、或圈粉,他们只关注热度,不关注对错。

(4)在大学生群体中是一种极易被传染的情绪状态。

(5)由于网络信息的不完整或不对称,不能全面客观地还原事件全过程,很容易根据一己之见妄下判断。

(6)一本正经地呼吁坚守正义,却在自身行为方面存在着明显的反差,体现出虚伪的两面性。

那么,作为大学生群体,应该怎样理性利用网络空间,用网络这个渠道表达自己的思想,获取他人的认可呢?

首先,要多读书、多学习。要始终认识到自己目前所处的阶段最重要的任务是学习知识。无论自己学习的是什么专业,都要研读一些哲学、文学、历史学和时政方面的文献资料,以免自己的言论存在根本性的缺陷,进而贻笑大方。

其次,要谨言慎行。发言之前要思考:一些言论,如果在现实中出现,会不会违反法律,会不会违背公序良俗,会不会招致他人的反感? 如果会,那么也不要通过网络发表出去。

第三,要养成同情心和同理心。网络连接着全世界,全世界的国家、社会、制度、个体都是千差万别的,不能总是从自己的角度出发去要求和规范别人,在看到网络上展现的问题的时候,要多换位思考,从多个角度去认识这个世界,而不要钻进"利己主义"的牛角尖中。

第二节　远离网络谣言和虚假信息

网络谣言是指通过网络介质(例如微博、国外网站、网络论坛、社交网站、聊天软件等)传播没有事实依据,或带有攻击性、目的性的话语。主要涉及突发事件,公共卫生领域,食品药品安全领域,政治人物,颠覆传统,离经叛道等内容。谣言传播具有突发性且流传速度极快,因此对正常的社会秩序易造成不良影响。

网络虚假信息是指通过网络介质传播不真实信息的行为。网络自身的传播特点为虚假信息的产生提供了生存的土壤。虚假信息泛滥给企业或个人带来的损害比起传统媒体来有过之而无不及,互联网具有高度的开放性和交互性,任何一个网站都能生产和发布信息,为所有传播信息和发表观点的人开辟了一个几乎不受限制的空间。正是这种无限的自由性使一些信息造假者和谣言传播者能够在网上发表不负责任的言论或有意散布虚假信息,制造混乱。

对于当今的青年大学生群体,了解外界的最主要媒介即互联网这一渠道,而网络上形形色色的谣言和虚假信息,极为容易造成我们了解和获得的信息存在失真或扭曲,一旦大学生对此类信息不加辨认、信以为真,极易产生难以估量的后果。

案例 1

2020 年初新冠肺炎流行期间,有网传消息称:多地下发防疫建议称,最新权威研究验证了适量饮酒可预防新型冠状病毒。一些酒商开始顺水推舟,鼓吹"适量饮酒"是靠谱的。对此,国家疾控中心表示:通过饮酒来抵抗病毒,来防疫这个肺炎,没有什么道理,"适量饮酒有益健康"只是一个选择性呈现数据的营销噱头,饮酒并无预防新型冠状病毒的作用。

那么,哪些网络上的信息可能是谣言呢? 具体来讲,在互联网上有以下几类谣言比较常见：

1.政治类谣言

通常通过耸人听闻的标题吸引眼球，主要涉及政治内幕、政治事件、重大政策出台和调整等内容，让公众对国家秩序、政治稳定、政府工作产生怀疑和猜测，破坏党和政府的形象，危害国家安全和政权稳定。

2.突发灾害类谣言

捏造某种灾害即将发生的信息，或者捏造、夸大已发生灾害的危害性信息，引起公众恐慌，扰乱社会秩序和经济秩序。引发"抢盐风波"的核辐射谣言、引发群众逃亡并导致4人遇难的响水县"爆炸谣言"等都属于这类谣言。

3.公共安全及暴力恐怖信息类谣言

这类谣言一般是虚构恐怖信息或危害公众安全事件信息，引发公众恐慌，扰乱社会秩序，引起公众对政府管理的不满，影响社会稳定。

4.重大刑事犯罪类谣言

这类谣言一般是捏造一些骇人听闻或令人发指的犯罪信息，引起公众愤怒、恐惧，引发公众对政府、政府工作人员或某些群体的不满，同时也影响当事人的声誉，扰乱他们的正常生活。如"黔西部分乡镇儿童被抢劫盗肾"等属于这类谣言。

5.食品、卫生安全类谣言

捏造或夸大某类食品或产品存在质量问题，引起公众对该类食品或产品的抵制，导致该类食品或产品生产者、销售者蒙受损失。

6.个体事件谣言

个体事件谣言是针对某些个人，特别是名人而编造吸引眼球的虚假信息，侵害当事人隐私，给当事人造成负面影响甚至经济损失。比如赵本山"被限制出境"以及众多名人"被死亡"等都属于这类谣言。

从谣言来源的渠道来看，网络谣言的传播主要有以下渠道：

1.境外互联网媒体

一些境外敌对势力通过在境外互联网媒体发布虚假或捏造的信息，恶意攻击我国党和政府。政治类谣言通常通过此渠道传播。

2. 未认证的微博、微信媒体渠道

一些人为博得眼球和关注,编造虚假信息通过未认证的微博、微信渠道发布,后经个别认证过的新闻媒体在没有核实的前提下大肆传播,造成严重的负面影响。

3. 社交软件的群组及朋友圈渠道

因审核管理不如媒体严格,一些社交软件的群组及朋友圈功能成为谣言传播的温床,一些人员编造谣言,通过图片形式在群组或朋友圈发布,进而形成"病毒式传播"的结果。

值得庆幸的是,传播网络谣言的行为在我国已被纳入刑法。2015 年 11 月 1 日起,随着《中华人民共和国刑法修正案(九)》正式实施,在微信、微博等社交平台传播虚假消息,造成严重后果的,最高将被处以七年有期徒刑。

案例 2

2019 年 11 月 16 日,云南省某市公安局发布警情通报:大理某大学学生王某某,于 2019 年 11 月 12 日 12 时 54 分,在 QQ 群发布"大理大学护理学院一位女生被留学生强奸"的不实信息,郑州某大学学生于某某看到后,对该信息进行编辑并发布到新浪微博和大理大学超级话题上,引起网民关注并广泛传播,造成了广泛的舆情。云南省大理市公安局发现舆情后,立即对发帖内容开展调查核实,经查并无此事发生,证实该帖内容纯属谣言。按照《中华人民共和国治安管理处罚法》规定,以上两人因散布谣言,被给予行政拘留五日的处罚。

案例剖析

因此可见,网络并非法外之地,大学生在网络发言时更要谨言慎行,自觉做到不信谣、不传谣。同时,网络又是各色信息汇聚之地,同学们在上网获取各种信息的同时,更要警惕形形色色的虚假信息,以下案例就说明了这个问题。

案例 3

李某就读于北京某大学。2018 年放寒假后李某便一直赋闲在家。每日看到父母亲为了生计整日早出晚归,懂事的李某心里一直很着急,很想趁寒假期间找份兼职工作干干。一天,李某在赶集网看到一个叫快乐购的网站发布的招聘兼职刷单员的广告,广告上称其公司专门为某大型商城刷单,然后按照百分比返还佣金。李某觉得条件还可以,遂加了对方的QQ号与对方联系,对方自称是某刷单公司的客服人员,为其发送了一份工作流程。李某下载后打开一看,流程中称其通过购买淘宝商城某网店的商品刷单,做完任务后连本金带佣金一起返还,每购买一次价值363元的商品算一次任务,每完成一次任务赚取佣金5元,刷单的金额越大赚得越多。于是,李某抱着试试看的想法用自己的支付宝拍下了一件商品,并扫描了对方发过来的二维码。不一会儿,对方便连本带佣金返还到李某的支付宝账户368元。接着,对方在QQ中告知李某,下面这个任务需要连续刷三单,每单商品价值3600元,这样一次性完成一组任务,佣金会更丰厚。于是,李某连续扫描了3次二维码,支付完毕后,李某就等着对方返还。可是,对方迟迟没有动静。李某在QQ上与对方联系,对方称李某的刷单被客服查住了,资金已经被冻结,要解冻需要继续完成第二组任务。第二组任务是分6次拍下价值1400元的商品,此时,李某觉得自己被骗了,遂走进了公安机关报了案。

■ **案例剖析**

　　网络兼职诈骗是近年来大学生群体常遇到的网络虚假信息诈骗方式,利用大学生急于兼职赚钱和"赚快钱"的心理,发布虚假信息实施诈骗,尽管这种诈骗方式极为常见,但经不住在线刷单赚钱的诱惑,许多大学生屡屡落入此类骗局。破解此类骗局的关键,一方面是对工作和收入有理性的认识,不要有"赚快钱"心理,另一方面则是要对五花八门的互联网信息进行有效甄别和判断,对于"在线刷单就可以赚钱"这种明显的虚假信息不能轻信。

第三节　我的隐私被谁偷走了？

隐私是一种与公共利益、群体利益无关，当事人不愿他人知道或他人不便知道的个人信息，泛指当事人不愿他人干涉或他人不便干涉的个人私事，以及当事人不愿他人侵入或他人不便侵入的个人领域。隐私是个人的自然权利。从人类抓起树叶遮羞之时起，隐私就产生了。

在网络信息空前发达的时代，人们享受着科学技术带来的前所未有的便利与快捷，但与此同时，我们个人的隐私安全正受到前所未有的挑战。当代青年学生，要像保护自己身体健康一样保护和珍惜好自己的个人隐私，更要学会在"大数据"为自己带来便利的同时，在便利与个人隐私安全之间做出平衡和取舍，谨防受到"侵犯隐私"类新型违法犯罪的侵害，同时也要注重他人的隐私，不窃取、不传播、不贩卖他人的隐私信息。

在本节中，我们将一起来学习如何保护个人隐私信息，在互联网信息时代，维护自身的隐私安全。

案例 1

据新闻媒体报道，2017 年 7 月某日，某市农民周先生收到一条彩信，打开一看，不禁惊呆了：女儿的裸照出现在屏幕上。原来，上大学的女儿小周凭"裸条"向一家网贷平台借了钱，之后不停向其他网贷平台借钱还债。现在越来越多的女大学生掉进了裸贷的陷阱，被借贷平台用裸照威胁。

案例 2

2011 年 12 月，某市高校女生 A 某到公安机关报案称其男友 C 某（与 A 某同校）以

"将其裸照发至互联网"相威胁,胁迫 A 某与其发生性关系,并在双方为男女朋友关系期间,多次强迫 A 某与其发生性关系。接警后,公安机关迅速出警,将 C 某抓获。据 C 某交代,其与 A 某发展为男女朋友后,用花言巧语拍摄了 A 某的裸照,此后多次以"将裸照发上网"对 A 某进行要挟勒索。

案例剖析

从隐私的种类来看,可以将隐私分为个人事务、个人信息、个人领域三种。以上两个案例中所侵犯的是当事人的个人领域隐私。对于大学生这一群体而言,许多大学生涉世未深,尤其是在个人情感上缺乏经验,在恋爱双方处理涉及个人隐私的过程中欠缺主动保护自身隐私信息的意识,进而造成个人隐私信息的泄露;个别大学生不重视保护自身的隐私信息安全,贪图小利造成了不可挽回的后果,甚至个别大学生因为裸照等个人隐私信息泄露或被传上网络,羞愧难当,最终付出了生命的代价。这些案例警示我们,一定要重视自己的隐私安全。

案例 3

2016 年 3 月,在山东某高校就读的小宁和小豪,打算找一份兼职,在应聘过程中,对方以"兼职需要"要求如实填写学信网账号、密码、银行卡、手机卡等资料。两人信以为真,不承想,犯罪分子利用二人信息在"名校贷"平台上借款两万余元,并占为己有。

案例 4

2019 年夏天,某校大学生小张在某网络购物网站购买了几瓶花露水,过了一段时间,一名自称"购物网站客服"的人来电告诉她:由于购物网站工作人员失误,小张被分到了该网站会员名单中,每个月需要交 500 元的费用。小张考虑到自己家庭情况并不富裕,向客服提出取消这一收费会员业务,之后,所谓"客服人员"称,如果要取消这个会员必须要提供她的个人信息。于是诱导小张一步步将自己的个人信息提供给对方,用于"系统注册",进而诱骗小张注册了借贷软件,最终骗取 5 万余元,这对家境贫寒的小张打击非常大。

案例剖析

身份证号、银行卡号、银行卡密码、验证短信、信用卡 CVV 验证码等信息是最重要的个人金融识别信息，也是关乎个人财务安全的最重要隐私信息。大学生群体经济金融知识普遍欠缺，保护个人财务隐私信息安全的意识也较为淡漠，这就给犯罪分子提供了可乘之机，犯罪分子往往利用大学生不熟悉这一领域的特点，利用欺诈、诱骗等方式获取此类个人隐私信息，进而获利。在"徐玉玉"案被曝光后，随着媒体不断深入地揭露，一条贩卖个人隐私信息的"黑色利益链"也浮出水面，其中受骗的人大多数都属于防范意识不强、信息安全意识淡漠的青年人。

那么，防范个人隐私信息在网络泄露，保护自身信息安全，我们应该怎么做呢？总结起来，有三点经验：

（1）青年学生要做到自尊、自爱，重视自己的个人隐私，坚决向泄露个人隐私的行为说不。尤其是在自己的伴侣提出拍摄涉及个人隐私的图像或视频时，要坚决予以拒绝。

（2）青年学生要重视个人信息安全。在使用手机、电脑的各类应用程序、软件的过程中，要留心和注意软件程序对本人隐私信息的收集和提取；要做到"个人隐私不上网"，不在手机相册、云盘等位置存放包含个人身份证、银行卡等关键隐私信息的照片和视频，尤其要注意，个人注册的各类密码信息，不要以电子版的形式存放在手机里，电子邮箱、即时通信软件的密码要经常更换，以防被黑客盗用。

（3）要学习和了解金融安全和网络信息安全的基础知识，了解哪些信息属于个人隐私信息的范畴，哪些信息属于个人的关键隐私信息，对各类手机应用程序、电脑软件做到分类授权、按需授权，不安装来历不明、滥用个人隐私信息的手机应用程序和电脑软件。

08

外出安全篇

第八章 藏在校园外的危险

　　生活在大学,免不了与这个纷繁复杂的社会打交道。大学生活期间,无论是打工赚钱、外出旅游、探亲访友,都要离开同学们所熟悉的大学环境,到陌生的社会环境中与形形色色的人打交道。

　　在这个社会上,绝大多数的人都是正直、淳朴、善良的好人,但也不可避免地会有一些包藏祸心的潜在犯罪分子潜藏在其中,一些人善于利用大学生涉世不深的特点,对大学生这一特殊群体实施违法犯罪活动,甚至威胁同学们的人身安全,类似的情况时有见诸报端,造成的严重后果令人惋惜。

　　在这一章,我们将一起学习当同学们离开校园,在社会实践活动中会遇到一些什么危险,以及我们要采取哪些措施才能避免这些危险的发生。

第一节　打工"奇遇记"

　　一说到上大学的生活,"穷"可能是每一个大学生朋友挂在嘴边的词。许多同学独自生活在异乡的大学,衣食住行都是一笔不菲的花费,再加上一些同学家里生活本就拮据,供应在外上大学的孩子本身就会比较困难,因此,许多大学生在上学以后,就会选择外出打工赚钱的方式弥补经济上的拮据。同时,也有一些同学将在大学期间的打工看作社会实践活动的一部分,通过打工丰富自己的生活阅历,在赚点小钱的同时,更重要的是可以通过打工,提升自己的能力和经验,为今后更好地走向社会做好准备。

案例 1

　　某重点大学女生小 A,虽然相貌并不出众,但从小以来一直有个"明星梦",当她看到电视上的明星靓丽的生活,总是无比美慕。上大学以后,她经同学介绍,了解到学校当地有一家某星经纪公司,可以介绍大学生兼职模特的工作,于是抱着试一试的心态跟舍友一起结伴前去。在某星经纪公司,负责接待小 A 的是一名精明干练的经纪人小刘,小刘拿出公司的宣传册,将未来的前景吹嘘得天花乱坠,并告诉小 A,公司几乎每周都会安排相关的工作和培训,小 A 的条件好,未来的发展前途不可限量。在小刘的话术攻势下,小 A 一点没有防备地签下了一份"艺人签约合同",并交了 1800 元作为培训费。此后,某星经纪公司虽然也为她安排了培训和工作,但每次都距离小 A 的学校几十公里之远,她把自己的遭遇告诉了同学,才发现自己上当了。然而,当她拿着材料去学校保卫处报案,保卫处的工作人员告诉她:既然双方事先有合同约定,且合同上都写清楚一切细节,公司的这种行为就不能算作违约,对于交出去的 1800 元钱,小 A 也只能当花钱买个教训了。

■ **案例剖析**

小 A 的遭遇可能是许多初入社会的大学生在应聘时都会遇到的问题。现代社会是讲求契约精神的社会,合同是签约双方在经济活动中自由意志的体现。初入社会的大学生却往往不重视合同的重要性,认为"合同就是一页纸,反正看不看都得签",也正是在这种思想下,一些大学生就是在不认真看合同的时候,放弃了自己在工作中本应争取到的正当权益,直到发现自己"上当受骗"时才追悔莫及,然而,法律是公正而无私的,不会因为当事人在签订合同的时候"没有认真看"而同情当事人,因此,一些大学生在签订合同以后,以"自己没有认真看""不是自己意思的表达"等方式违约,是不可能受到法律的支持和保护的。

案例 2

大学生陈某在网上找到一个看上去很简单的兼职机会:只需下载一款语音软件,进入直播间听在线发布的工作内容,根据这些内容填写表格,即可获得每小时 100 元的报酬。她被要求先交 200 多元的押金,后又以工号费、软件费、退款费等名目,被索要了近 2000 元,最后才发现自己被骗了。

案例 3

大二学生刘某在一个兼职网站上看到一个大量招聘冲量办卡人员的工作,4 小时就能挣 300 元。当时接待她的工作人员说,让她办理的是"白卡",一个星期后会自动注销,不产生任何费用。高薪诱惑下,刘某与另外两名兼职同学一起,很快就办理好 10 张电话卡。然而不久前,有两家运营商通知她,说她名下的电话卡虽然注销了,但欠费并未处理。经查询,一张卡的欠费及滞纳金高达 4000 多元,而另一张则需要还款 3300 多元。尽管她一次次向兼职网站投诉,但 3 个月过去了,依旧没有得到答复。

■ **案例剖析**

随着互联网的发展,一些"网络兼职""网上刷单"吸引着学业紧张、涉世未深的大学生参与其中,以"高薪兼职"为诱饵,行电信诈骗之实。

案例4

小张是某高校生物制药专业的大四学生,2018年9月,他经人介绍,利用暑假外出打工,自己一个人来到外地应聘一家直销机构的营销岗位工作人员。到外地后,一个自称老乡的人一路把他从车站接到了公司,交了几百元会费进入了一家所谓的直销机构。进入该组织以后,大家对他嘘寒问暖,还不断给他讲发财致富的故事,在这里,他逐渐失去了人身自由,身份证、银行卡、手机都被以各种理由收走,跟外界断绝了联系。一个多月后,家人发现他失去了联系,报警后经多方努力,被当地工商部门解救。

案例剖析

传销是一类影响人数众多的侵财违法犯罪活动,现在一些传销组织,以所谓合法化的"营销公司"为诱饵,以兼职工作为由诱骗涉世不深的大学生参与到传销活动中,通过人身控制、洗脑等手段,强迫或诱骗大学生通过各种渠道发展"下线",最终达到攫取钱财的目的。

作为一名大学生,要如何应对形形色色的打工"奇遇"呢?总结起来有以下几个方面:

(1)防范非法中介:看清中介公司的营业执照,上网进行公司查询,正规的中介机构营业执照的经营范围内应明确有中介许可的项目。

(2)不要轻易交押金、保证金或抵押证件。一些用人单位会要求大学生支付押金,承诺交了押金后就可以上班,之后又以人员已满等各种借口要求大学生等消息,且拒绝返还押金。

(3)认真对待各类协议和合同。协议和合同都是个人在经济活动中权利和义务的规范,必须认真阅读合同的每一项条款,如果用工方催促、要求尽快签订,那就说明合同本身很可能有问题,这时一定不能签署。同时,如果发现合同中有明显的问题或者自己不能接受的条款,一定要当面向用工单位提出,如果用工单位以"都是制式合同,大家都这么签"为由拒绝修改,也一定不要签署。一旦签署,就相当于在法律上形成了正式的契约,今后即使自己不愿意,除了极特殊的情况外,就必须要按照合同规定的内容履行。

(4)学会识别传销。传销通常具有以下特征中的一个或几个:在入职时告诉你的职责之一是发展更多的人;入职交纳昂贵的费用;在工作场所很多人群情激昂,以各种理由索要各种证件、银行卡、手机等个人物品。如果发现自己身陷传销陷阱,要在保证自己立场坚定的情况下,曲意迎合嫌疑人,尽快同警方、学校或家人取得联系,让外界知道自己的处境,争取时间等待救援或伺机逃离。

(5)防范职场性骚扰。要警惕老板、同事对你的过分亲热、过多表扬,拒绝各种请吃饭、外出活动;不要轻易答应别人送你回家(回学校),晚间回家(回学校)最好让同学、朋友、父母来接或者走人多的地方;尽量不要跟着别人去人少的地方或者鱼龙混杂的场所;公众场合尽可能不要喝酒;找家教工作时要通过正规渠道,如果对自己所任教的家庭没有把握,可以事先从居委会了解情况;到休闲娱乐等特种行业打工更要慎重,这些行业往往以高薪诱惑大学生去从事三陪等工作,有的甚至逼迫大学生进行色情交易。

第二节　记与网友的第一次见面

1998 年,当代作家蔡智恒的《第一次的亲密接触》火遍了当时还不发达的中文互联网。小说的主人公痞子蔡是一名研究生,一直渴望能拥有一份真诚的爱情,但事与愿违,他与女孩的交往屡屡失败,令他颇不自信。一次偶然的机会,痞子蔡在 BBS 上的留言引起了女孩"轻舞飞扬"的注意,她给痞子蔡发来的 E-mail 中称痞子蔡是个有趣的人。这让一向自以为枯燥乏味的痞子蔡大大感到意外,他开始好奇地关注起"轻舞飞扬",并渐渐被她的聪慧所吸引,最终成就了一段美好真挚的爱情故事。

时至今日,移动互联网时代早已到来,"网恋"早已是普通不过的交友过程,许多青年大学生也希望通过网络获得一段如同小说主人公一样刻骨铭心的爱情。

然而,网络交友实际上潜藏着许多安全隐患和危险,一些大学生急于通过互联网收获一段爱情的心理,容易被犯罪分子所利用,在犯罪分子的诱惑之下陷入骗局,落得人财两空的结果。个别大学生在这之中受到了更为严重的伤害,酿成了悲剧的结果。下面就让我们一起来看几个案例,了解一下"与网友的第一次见面"背后潜藏的安全风险。

案例1

贵阳大二男生王某在酒吧见女网友时遭遇酒托,不到 15 分钟就消费了 2000 多元。据王某介绍,15 日晚 22 时,他在文昌北路某酒吧和两名女网友见面。三人点了一壶茶、一瓶红酒及一些小吃。约 15 分钟后,两名网友说身体不舒服想回家。王某付钱时,被收银员告知一瓶红酒 800 元,加上其他共 2100 元。无奈的王某付完钱返回时,发现两女子不知去向,这才意识遭遇酒托,尴尬的他未报警。

案例剖析

酒托诈骗是近几年常见的线下诈骗犯罪活动,犯罪分子一般通过互联网在线交友的方式,认识诈骗对象,进而诱导对方线下见面,在见面后,由一名团伙成员将诈骗对象带至某酒吧进行高额消费后脱身,后以暴力或软暴力方式胁迫诈骗对象买单的犯罪行为。

案例2

2018 年 9 月某日,黄石某高校女大学生小敏在当地一家酒吧喝酒时,在聊天软件中认识了鄂州男子小陈。两人越聊越开心,小敏随后把手机号和定位都发给了对方,小陈决定当晚从鄂州来黄石与小敏见面。14 日凌晨 1 点,小陈到酒吧后将已有些醉意的小敏扶到了车上。"去哪里?""带你去鄂州凤凰山庄玩!"小敏发觉不对,连忙说:

"太晚了,我早上还要上课呢,不去了。"小陈听后有些不高兴,说:"我大老远来请你,你这么不给面子,那我们就去黄石找个地方喝个茶再聊聊。"小敏发现小陈的动机不纯,于是挣扎着要下车,但此时却发现小陈的车已反锁。发现自己处境有危险后,小敏顿时清醒了,拿出手机当着小陈的面,立即拨打 110 报警称:"有一名陌生男子现在硬拉着我上车要带离黄石!"正在开车的小陈听到小敏报了警,立即停车将小敏放下车,独自开车离开。

案例剖析

作为女性,尤其是女性大学生,夜间出门时要提高警惕,不要独自前往酒吧、KTV 等娱乐消费场所,在发现危险时要及时采取自救措施,在犯罪嫌疑人没有丧失理智时要明确说"不",在发现犯罪嫌疑人已丧失理智时,要在不激怒对方情绪的前提下,尽快寻找脱身方式,避免自身受到侵害。

那么,作为一名大学生,如果不得不与陌生人会面,应该如何做才能保证自己的安全呢?

(1)约会前一定要将自己的行踪告诉亲属或朋友,让第三人知道自己的约会对象、去向、计划,甚至可以请朋友在约定时间联系自己,这样既可以增加安全系数,更可以在对方的言语或行为出格的时候,借机礼貌地结束与对方的约会。

(2)约会前要与对方商量好约会的时间、地点、见面的方式等,提前熟悉和了解双方约会的地点,一般第一次见面不要选择到高消费的酒吧、餐厅消费,如对方在约会过程中临时提出要前往其他未商定的地方,请务必拒绝或提出下次再去。

(3)在第一次见面时,如一方驾车,另一方不要轻易搭乘对方所驾车辆,可婉言谢绝对方送自己回家的要求。如果实在不好拒绝,在上车前要记住车号,并及时发送给有能力帮助自己的同学或朋友,告知自己的情况和行程,并在与对方商量并征得同意后坐在车辆后排座位上。

(4)在约会过程中,不要轻率地将真实信息、电话、地址等个人敏感信息告诉对方。即使双方在网上一见钟情也不要掉以轻心。

第三节 旅游背后的安全风险

求学期间外出旅游是当代大学生时兴的休闲放松方式,基于大学生的特点,在当今的旅游市场也衍生出了诸如穷游、青年旅社、低价线路等面向低收入青年群体的旅游方式,越来越多的大学生信奉"读万卷书不如行万里路"的人生格言,利用大学期间假期时间长的特点独自或与朋友一起出游,在增长见闻的同时也起到了愉悦自己身心的作用。

作为一种前往陌生地点的活动,旅游近年来也成为大学生多发安全意外事故的重点,每年都会有大学生在旅游过程中遇险甚至遇难的情况发生。

大学生发生意外安全事故,无论是对于家庭还是对于社会,都是莫大的损失,对于其本人而言更是一场悲剧。如何避免在旅行过程中"乐极生悲",正是我们本节探讨的问题。

案例 1

2019 年 3 月 10 日,西安一高校 5 名在校学生周末到秦岭爬山游玩,由于对山路不熟悉,加上上山以后下起了大雨,导致迷路,无法下山。公安机关接到受困学生报警后,组织救援队进山开展救援,经过近两个小时的奋战,被困的 5 人被悉数找到。

案例 2

2019 年 5 月 9 日,年仅 19 岁的大学生小严和同学一起来到桂林某公园游玩。中途由于每个人行走的速度不一致,小严走在同学前面很远的距离,没一会大家就走散了,此后小严与他的同学失去了联系。两天后,他的遗体在景区内一半山腰被发现,经查,小严系在行走时,不慎踩空在景区坠崖身亡。

案例 3

2017 年 12 月 31 日 7 时 14 分许,一辆中型客车行驶至吉黑公路 333 公里处时发生事故,该车为躲避前方撞到高速路中心护板的轿车,发生侧滑驶入公路右侧沟内。车中载有 12 人。5 人当场死亡,其中 1 人为驾驶人、4 人为北京某大学学生;7 人不同程度受伤,其中 5 人为北京某大学学生,另两人分别为湖南某大学和辽宁某大学学生。

案例 4

2018 年 12 月 9 日,上海 26 岁女大学生张某与摩洛哥友人 A 某在龙目岛上的旅行社共同报名参加了浮潜项目,然而当天返回的只有 A 某,A 某称张某浮潜后未折返。此后旅行社连续搜寻了 3 天依旧没有发现张某的下落,于是向印度尼西亚警方报案,并且通知了中国驻巴厘岛领事馆。截至 2020 年,根据公开报道,张某仍处于失联状态,生死未卜。

那么,外出旅行的过程中,作为大学生应该注意哪些安全事项呢?

(1)外出旅行全程的注意事项:

a.不随身携带大量现金;

b.不在公共场所(机场、火车站)睡觉休息,防止不法分子趁机扒窃;

c.不给陌生人留电话号码,不要轻信主动与自己攀谈拉关系的陌生人;

d.不将行李物品交由陌生人看管;

e.不食用陌生人给的香烟、食品、饮料。

(2)搭乘交通工具注意事项:

a.到正规售票点买票,购买汽车、飞机、客船票时,应提前或同时购买交通意外保险;

b.乘车时,要尽量乘坐有营运资格的车辆,不要乘坐黑车、来历不明的车辆,在搭乘网约车、顺风车时,要确保司机具备安全驾驶的条件方可上车,如在上车后发现司机的驾驶存在安全风险,应立即要求停车并下车;

c.乘车、乘船、乘机时,要主动做好系安全带等保障自身安全的工作,听从司乘人员的要求和安排,未得到明确许可时,不要解除自身的安全保护措施;

d.全程看管和保护好自己的行李物品,托运的行李拿到后要清点检查是否有丢失或损坏;

e.在随团出行乘坐旅游大巴时,要记清搭载自己的车号,记牢自己住宿宾馆的名称和位置,以防走失。

（3）住宿注意事项:

a.将贵重物品随身携带,离开房间时关好房门。如贵重物品随身携带不便,可交到服务台并办理保管手续;

b.应熟悉客房门背后的逃生路线图,在发生火灾等意外事件时按照图示迅速找到出路离开现场;

c.留意门上、墙下绿色出口标志指示牌,发生火灾时及时脱离危险区域。

（4）游览游玩注意事项:

a.留意景区景点的各类安全注意事项和风险标识,不要到明确禁止进入的区域游览;

b.不要到禁止游泳的水域游泳;

c.在搭乘游览设施时,不要搭乘身高、体重超限的设施,不要参加没有专业人员保护的高风险娱乐活动,尽量不参加如潜泳、漂流、蹦极、滑翔、速降、跳伞等极限运动;

d.要熟悉自己所前往的旅游地点,即使是跟团游也要提前对自己所前往的景点有所了解,旅行过程中要时刻保持与外界的联系,并明确地知道自己所处的位置和之后要前去的地点。

（5）出国出境旅行的特别注意事项:

a.出境前应了解目的国近期的安全状况,不要到近期发生战争、政局动荡、大规模游行示威、传染病的国家旅行;

b.提前了解并尊重旅行目的地的风俗习惯和文化传统,与人交流时保持谦虚客气,不要做令人反感的事情;

c. 前往语言不通的国家旅游时,可以提前准备好语音翻译软件并下载好相应的语音识别模块,以备在国外网络通信不畅的时候也能与他人交流;

d. 记清旅行目的地的使领馆电话,在旅行过程中遇到危及自身安全的突发状况时,第一时间与当地使领馆取得联系,请求保护;

e. 在国外旅行期间,关注该国形势变化和治安环境特点,谨防偷窃、抢劫等犯罪活动,在遭遇犯罪或遇到困难时,及时向当地警察部门和我国使领馆求助。

09
突发事件应对篇

冷静应对突发公共事件

在全球化发展背景下,因人类实践所导致的全球性风险的发生概率愈发增高,人类已经共同迈入了"风险社会"的发展阶段。在这样的社会里,各种全球性风险对人类的生存和发展存在着严重的威胁,2020 年在世界范围内爆发的新冠肺炎,意味着自然界对人类的发展敲响了警钟,人类应对突发安全事件可谓任重道远。

随着我国社会、经济的不断进步和发展,社会发展的潜在风险也在一定程度上不断积聚,近年来,国家的整体公共安全形势稳定,但各类安全事故、自然灾害、突发公共卫生事件依然多发。近年来,我国工业化、城镇化、市场化、国际化的步伐不断加快,但与此同时,社会应急管理能力的提升相对缓慢,各类安全事件对于我们的社会来讲仍然是一大考验。

值得欣慰的是,2019 年党的十九届四中全会提出"构建基层社会治理新格局",体现了我们党对社会治理规律认识的深化,为加强和创新基层社会治理提供了科学指引。2020 年初在应对蔓延全球的突发公共卫生事件——新冠肺炎的过程中,也体现了我国社会主义制度在应对突发安全事件中的优越性。

那么,作为一名大学生,应该如何有效应对各类突发公共事件的挑战? 在这一章中,让我们一起系统地学习和了解。

第一节　遇到自然灾害怎么办

什么是自然灾害? 简而言之,自然灾害是指给人类生存带来危害或损害人类生活环境的自然现象,包括干旱、高温、低温、寒潮、洪涝、山洪、台风、龙卷风、冰雹、风雹、霜冻、暴雨、暴雪、冻雨、大雾、大风、结冰、霾、雾霾、地震、海啸、泥石流、浮尘、扬沙、沙尘暴、雷电、雷暴、球状闪电、火山喷发等。

我国是一个幅员辽阔的国家,世界绝大多数的气候类型都能够在我国找到对应的区域,同时,我国也是自然灾害最严重的少数几个国家之一,以上列举的绝大多数自然灾害,在我国都曾发生,其中,包括干旱、洪涝、台风、结冰、地震等多种灾害,近年来都曾对我国造成过极为严重的负面影响,并造成过极为严重的人员伤亡和财产损失。

1998 年,长江发生特大洪水,受灾面积 3.18 亿亩,成灾面积 1.96 亿亩,受灾人口 2.23 亿人,死亡 4150 人,倒塌房屋 685 万间,直接经济损失达 1660 亿元。

2008 年 1 月,全国发生大范围低温、雨雪、冰冻等自然灾害,因灾死亡 129 人,失踪 4 人,紧急转移安置 166 万人;农作物受灾面积 1.78 亿亩,成灾 8764 万亩,绝收 2536 万亩;倒塌房屋 48.5 万间,损坏房屋 168.6 万间;因灾直接经济损失 1516.5 亿元人民币,受灾人口已超过 1 亿。

2008 年 5 月 12 日,汶川发生里氏 8 级特大地震,严重破坏地区超过 10 万平方千米,造成 69227 人死亡,374643 人受伤,17923 人失踪。这场大地震给全国人民带来了巨大的心理压力和难以愈合的心灵创伤,是国家和民族史上的重大灾难。经国务院批准,自 2009 年起,每年 5 月 12 日为全国防灾减灾日。

2019 年 8 月 10 日,超强台风利奇马在浙江省温岭市城南镇沿海登陆,共造成中国 1402.4 万人受灾,57 人死亡(其中浙江 45 人,安徽 5 人,山东 5 人,江苏 1 人,台湾 1 人),14 人失踪(浙江 3 人,安徽 4 人,山东 7 人),209.7 万人紧急转移安置,直接经济损失 537.2 亿元人民币。

一、遇到地震怎么做

地震是地球内部介质局部发生急剧破裂产生的震波,从而在一定范围内引起地面震动的现象,是地球上经常发生的一种自然灾害。全球每年发生地震约 550 万次,大地震动是地震最直观、最普遍的表现。在海底或滨海地区发生的强烈地震,能引起巨大的波浪,称为海啸,是沿海地区由地震引发的常见次生灾害。

地震具有一定的时空分布规律。从时间上看,地震有活跃期和平静期交替出现的周期性现象;从空间上看,地震分布呈一定的带状,称为地震带,主要集中在环太平洋和地中海、喜马拉雅山脉两大地区。我国位于世界两大地震带——环太平洋地震带与欧亚地震带之间,受太平洋板块、印度板块和菲律宾海板块的挤压,地震断裂带十分活跃。中国地震主要分布在五个区域,台湾地区、西南地区、西北地区、华北地区、东南沿海地区和 23 条地震带上。

1. 避震方法

在学校避震:正在教室的学生,发生地震时应迅速将书包、衣服等软质物品顶在头顶,躲在课桌或教室内的硬质物品下,或躲在易形成三角空间的地方,等地震停止后,迅速有序撤离教室,不要拥挤、跳楼,不要到阳台上去,不要使用电梯。在操场或室外时,可原地不动蹲下,双手保护头部。要注意避开高大建筑或危险区域。

在家中避震:在平房时,发现地震后应立即用软质物品护住头部,逃至屋外空旷区域;在楼房时,应立即在住所选择易形成三角空间的地方躲避,如卫生间、厨房、储藏室等狭小空间及承重墙角,注意避开外墙。

在公共场所避震:如果发生地震时身处公共场馆,应立即停止活动,躲在易形成三角空间的地方,等地震停止后快速有序地向外疏散;在户外活动时,应迅速离开山边、水边等危险环境,选择开阔稳定的地方避震(如图9-1所示)。

图9-1　避震方法

2.震后的自救

地震发生后,一旦在建筑物内被困,要坚定求生意志,积极开展自救活动。首先应抽出手脚,清除压在身上的物体,就地取材加固周围的支撑,并保证所处位置空气的畅通,在可以活动的空间中寻找食物和水,注意保存体力,不能大声喊叫呼救,可用敲击铁管、墙壁、吹哨子等方式与外界沟通,听到救援者靠近时再呼救。同时应注意在封闭室内不可使用明火。

3.震后的互救

地震发生后,尤其是重大、特大地震灾害发生后,外界救灾队伍不可能立即赶到,大家应当自动组织起来,积极开展互救。救助被埋压人员要注意做到:先救多、后救少,先救近、后救远,先救易、后救难,尽可能在有经验的救援人员的指挥下开展互救工作。

需要注意的是在组织互救时,如果暂时没有可以保障的急救医疗条件或没有专业人员在场,在环境相对安全的情况下,对被埋压人员(尤其是被长时间埋压的人员)应以支持救助为主,为其提供空气、饮用水和食物,不要急于将人员救出,待条件许可或专业人员到达后再行施救。

同时,救援人员自身要注意安全,小心余震或建筑物二次坍塌造成损失。

二、遇到台风、洪水、海啸怎么做

台风属于热带气旋的一种,是发生在热带或副热带洋面上的低压涡旋,是一种强大而深厚的"热带天气系统",会为沿海地区带来狂风、暴雨、风暴潮等严重灾害,并可能诱发交通中断、城市内涝、建筑坍塌、通信中断、山洪泥石流等次生灾害。

洪水是指一个流域内因集中大暴雨或长时间降雨,汇入河道的净流量超过其泄洪能力而满溢两岸或造成堤坝决口导致泛滥的灾害。

海啸是一种具有强大破坏力、灾难性的海浪,通常由震源在海底 50 千米以内、里氏震级 6.5 以上的海底地震引起。水下或沿岸山崩或火山爆发也可能引起海啸,在日本、东南亚地区和我国的台湾地区多发。

1. 遇到台风时

(1)应选择待在建筑状况比较好的室内,做好台风期间不外出的准备,关注气象部门的预报,掌握台风登陆和变化的时间和预测趋势,没有特殊需要不要出门。

(2)要关紧(必要时加固)门窗,检查电路、炉火、煤气等设施是否安全。

(3)台风过后,要注意自身饮食卫生,不喝生水,更不要饮用灾后井水,搞好个人卫生,不要使用未经消毒的污水漱口、洗瓜果、碗筷等,不吃腐败变质食物,不吃苍蝇叮爬过的食物,不吃未洗净的瓜果等。同时,外出时要做好个人防护,防止皮肤直接接触疫水,如外出时要穿胶鞋等。

2. 遇到洪水时

(1)洪水到来前,应做好以下准备:根据当地电视、广播等媒体提供的洪水信息或政府、单位的安排,结合自己所处的位置和条件,选择最佳路线撤离;准备必要的食品、饮品和必要的生活用品,选择便于携带、可较长时间保存的食品;制作必要的救生装置,如木排、竹排、救生衣等;准备好通信设备;撤离之前,关掉屋里的煤气开关和电器开关。

（2）洪水到来时,应积极做好自救、互救。要就近迅速向山坡、高地、楼房、避洪台等地转移,或者立即爬上屋顶、楼房高层、大树、高墙等高的地方暂避;如洪水继续上涨,暂避的地方已难自保,则要充分利用准备好的救生器材逃生,或者迅速找一些门板、桌椅、木床、大块的泡沫塑料等能漂浮的材料扎成筏逃生;如果已被洪水包围,要设法尽快与当地政府防汛部门取得联系,报告自己的方位和险情,积极寻求救援。注意:无论自身水性多好,绝对不要游泳逃生,不可攀爬电线杆、铁塔,也不要爬到泥坯房的屋顶。如已被卷入洪水中,一定要尽可能抓住固定的或能漂浮的东西,寻找机会逃生。

（3）洪水过后,要配合政府部门,做好灾后重建工作。应该严格做到注意饮水卫生,饮用水一定要煮沸后才能饮用,同时注意饮食卫生,不吃腐败变质和受污染的食物。还要搞好环境卫生,做到粪便和生活垃圾不入水,减少蚊蝇,及时清除居住区域及周边的污泥、浊水等。

3. 遇到海啸时

（1）注意海啸的前兆。海啸的前兆有四种:一是海水异常的暴退或暴涨;二是离海岸不远的浅海区,海面突然变成白色,其前方出现一道长长的明亮的水墙;三是位于浅海区的船只突然剧烈地上下颠簸;四是突然从海上传来异常的巨大响声。其它的还有大批鱼虾等海生物在浅滩出现等,此时千万不能去捡拾鱼虾或看热闹,应迅速离开海岸,转移到陆地高处。

（2）发生海啸后或在海岸感觉强烈地震或长时间的震动时,需要立即离开海岸,快速到高地等安全处避难。如果收到海啸警报,没有感觉到震动也要立即远离海岸,尽快到高地等安全处避难。在海啸多发地的沿海地区旅行时,要多注意通过互联网或媒体收听相关预警信息,在海啸期间服从旅游公司的安排,在没有解除海啸警报之前,勿靠近海岸。

三、遇到滑坡、泥石流时怎么做

滑坡是指地表斜坡上大量的土石整体下滑的自然现象。

泥石流是指山区沟谷中,由暴雨、冰雪融水等水源激发的,含有大量泥沙石块的特殊洪水流的自然现象。

滑坡和泥石流往往突然暴发,具有很强的冲击力和破坏性。

1. 滑坡

发生滑坡时,要往垂直于滑坡轴两侧的山坡上爬,爬得越快越高越安全。不要沿滑坡的方向逃避(逃脱速度不可能赶上滑坡速度),也不要爬树躲避,更不要停留在低洼处。逃生时候要抛弃一切影响奔跑速度的物品。

2. 泥石流

(1)判断泥石流发生的先兆。根据当地降雨情况和地形情况来估测泥石流暴发的可能性。当发现河(沟)床中正常流水突然断流或洪水突然增大并夹有较多的柴草、树木,都可确认河(沟)谷上游已形成泥石流。仔细倾听是否有从深谷或沟内传来的类似火车轰鸣声或闷雷式的声音,如听到这种声音,哪怕极微弱也应认定泥石流正在形成,此时须迅速离开危险地段。沟谷深处变得昏暗并伴有轰鸣声或轻微的震动感,则说明沟谷上游已发生泥石流。

(2)泥石流发生时的逃生方法。当遭遇泥石流时,不能沿沟向下或向上跑,而应向两侧山坡上跑,离开沟道、河谷地带,但注意不要在土质松软、土体不稳定的斜坡停留,更不要停留在低洼处,不应上树躲避。如不幸陷入泥石流中,不要慌张,要大声呼救,然后将身体平贴在泥石流上,张开双臂,慢慢将陷入泥石流的双脚抽出来,采取仰泳一样的姿势向安全地带"游"过去(如图9-2)。

图 9-2　逃生方法

第二节　遇到突发公共卫生事件怎么办

突发公共卫生事件,是指突然发生,造成或者可能造成社会公众健康严重损害的重大传染病疫情、群体性不明原因疾病、重大食物和职业中毒以及其他严重影响公众健康的事件。

2009 年以来,世界卫生组织(WHO)共宣布了 6 起"国际关注的突发公共卫生事件",分别是:

·2009 年,甲型流感(H1N1)大流行的爆发;

·2014 年 5 月,小儿麻痹症再次激增;

· 2014 年 8 月,埃博拉疫情;

· 2016 年,寨卡病毒疫情;

· 2019 年,埃博拉疫情;

· 2019—2020 年,新型冠状病毒(COVID-19)疫情。

进入 21 世纪以来至今,我国经历了非典型肺炎(SARS)、甲型流感(H1N1)、新型冠状病毒(COVID-19)三次重大传染病疫情,群体性不明原因疾病、重大食物和职业中毒以及其他严重影响公众健康的事件时有发生。

2002—2003 年,重症急性呼吸综合征(SARS)在中国广东发生,并扩散至东南亚乃至全球,中国内地累计报告非典型肺炎临床诊断病例 5327 例,治愈出院 4959 例,死亡 349 例。

2019 年底至 2020 年初,新型冠状病毒肺炎在全球爆发,截至 2020 年 7 月底,中国内地累计报告新型冠状病毒肺炎临床诊断病例 87457 例,治愈出院 80958 例,死亡 4665 例。

那么,作为大学生,遇到传染性疫情时应该怎么做呢?

(1)注意媒体发布的信息。了解疫情的传染源(动物还是人群)、传染途径(接触传播还是非接触传播)、高发区域,尽可能远离可疑的传染源,想办法阻断传染途径(如戴口罩可以阻断飞沫传播,使用避孕套可以阻断性传播等),不在发生疫情时到传染病高发区域去。

(2)如本人所在的地区发生大面积传染性疫情时,应尽可能待在家中不外出,减少与他人接触传染的机会,在必须外出时做好自身健康防护。要注意收集官方渠道发布的正确信息。在疫情发生初期,媒体渠道信息鱼龙混杂,官方渠道发布的信息也可能存在失真和不准确的情况,对于个体来说要做到"宁可信其有,不可信其无",不信谣、不传谣,同时要做好个体的安全防护,不到人员密集的地方去。

(3)如不幸感染疫病,要科学地认识发生的传染性疫情,不要相信非官方和非正规渠道发布的治疗方式和手段。在疫情为轻症、可自愈时,要尽可能不到医院去,防止交叉感染,并在家中做好自我隔离,阻断病毒向他人(尤其是近亲属)传播的渠道;在疫情发展为重症时,应及时就医或到官方指定的传染病医院接受治疗。

(4)传染病暴发期间,如发现疫情或疫情线索,不得隐瞒不报,应第一时间报告本地疾控部门。

第三节 遇到暴力恐怖袭击事件怎么办

暴力恐怖袭击是极端分子人为制造的针对但不仅限于平民及民用设施的不符合国际道义的攻击方式。

20 世纪 90 年代以来,恐怖袭击有在全球范围内迅速蔓延的严峻趋势。极端分子使用的手段也由最初的纯粹军事打击演化到绑架、残杀平民、自杀爆炸等骇人的行动。

时至今日,暴力恐怖袭击已经不是单个国家所面临的挑战,而是全世界各个国家都正在面临的严峻风险和挑战。甚至可以这么认为:暴力恐怖袭击的阴影将永远笼罩在全人类的头上。

下面列举几个典型案例:

2005 年 7 月 7 日早上交通高峰时间,4 名受"基地"组织指使的英国人在伦敦三辆地铁和一辆巴士上引爆自杀式炸弹,造成 52 名乘客遇难,700 多人受伤。

2013 年 10 月 28 日,3 名暴力恐怖分子驾吉普车闯入北京市长安街,沿途快速行驶故意冲撞游人群众,后撞向金水桥护栏,点燃车内汽油致车辆起火燃烧。车内 3 名暴力恐怖分子当场死亡。事件共造成 5 人死亡,40 人受伤。

2014 年 3 月 1 日,云南省昆明火车站发生一起严重暴力恐怖事件,8 名暴力恐怖分子在火车站内砍杀平民,造成 29 人死亡、143 人受伤。

2015 年 11 月 13 日晚,在法国巴黎市发生一系列恐怖袭击事件,共发生 5 次爆炸,5 次枪击,造成至少 132 人死亡,300 多人受伤。

2016 年 6 月 12 日,佛罗里达州奥兰多一家名为"脉搏"(Pulse)的酒吧发生一起大规模枪击案,共造成 49 人死亡,44 人受伤。

由此可见,暴力恐怖事件对人类社会造成的负面影响之严重、危害之深广,同时也正对普通民众的生命安全造成极大的威胁。

那么,作为大学生,如何应对暴力恐怖事件呢?

1. 常见恐怖袭击的手段

(1)爆炸。炸弹爆炸,包括汽车炸弹、自杀性人体炸弹等。

(2)枪击或砍杀。刀具砍杀、各类枪支射击等。

(3)劫持。劫持人员或车、船、飞机等交通工具。

(4)纵火。

2. 发生爆炸时怎么办

(1)迅速就近隐蔽或者卧倒,就近寻找简易遮挡物护住身体重要部位和器官,避免拥挤、踩踏造成伤亡。

(2)不要观望,迅速逃离爆炸现场和可能波及的区域,不乘坐车辆等目标明显的交通工具。

(3)如因爆炸受伤但不危及生命安全或仍可逃跑,应在应急处理或控制身体出血后,优先逃离至安全区域,再寻求医疗救援。

(4)逃离时不要贪恋财物,可力所能及地救助他人。

(5)注意观察现场可疑人、可疑物,协助警方调查。

3. 遇到枪击或砍杀时怎么办

(1)人群骚动时不要观望或围观,第一时间寻找掩蔽物和安全区域,不要待在人员通道和人员密集区,掩蔽物最好处于自己与恐怖分子之间。

(2)选择密度质地不易被穿透和毁坏的掩蔽物。如墙体、立柱、大树干,汽车前部发动机及轮胎等;木门、玻璃门、垃圾桶、灌木丛、花篮、柜台、场馆内座椅、汽车门和尾部等虽然无法抵御子弹和利器的攻击,但能够起到一定的阻隔恐怖分子的作用,也能使恐怖分子在第一时间发现不了你,为下一步逃生提供时间。

（3）要观察可疑人员和恐怖分子的动向,在与可疑人员或恐怖分子距离接近时,不要贸然逃跑,应降低身形隐藏在掩蔽物内,等待警方救援。

（4）一旦受伤或发现有人受伤,应采取压迫止血的方式应急止血,但前提是不能引起恐怖分子的注意。

（5）事后应配合公安机关做好调查取证工作。

4.遇到纵火恐怖袭击怎么办

（1）按照火灾逃生的要求,立即逃离火场,如发现火势不大时应力所能及扑灭小火,救助他人。

（2）如在公共交通工具上遇到纵火恐怖袭击,要第一时间配合司乘人员利用车载灭火器灭火,如发现有人携带易燃易爆物品乘坐交通工具,要第一时间报告司乘人员,不要有侥幸心理。

（3）事后应配合应急管理部门做好火灾事故调查,以便有关部门查处犯罪分子。

5.被恐怖分子劫持后怎么办

（1）保持冷静,不要反抗,相信政府。

（2）不对视,不对话,趴在地上,动作要缓慢。

（3）尽可能保留和隐藏自己的通信工具,及时把手机改为静音,适时用短信等方式向警方（110）求救,短信主要内容:自己所在位置,人质人数,恐怖分子人数等。

（4）注意观察恐怖分子人数,头领,便于事后提供证言。

（5）在警方发起突击的瞬间,尽可能趴在地上,在警方掩护下脱离现场。

10 毕业季安全篇

第十章

青春,再见

    毕业,就像是一个句号,结束了几年的大学时光。青春随着毕业渐渐远去,告别青涩,我们即将翻开人生的另一页。无论是选择就业、自主创业还是升学深造,都等待着我们去抒写。每年的毕业季也是治安案件高发季,就业诈骗、情感纠纷等案件频发,毕业季是大学阶段非常重要的一段时期,影响着每个学生的发展路途,毕业季安全问题不容忽视。

    本章我们一起来关注毕业季安全,分析近年来毕业季安全事件实例,总结出防范小贴士,保障毕业生安全毕业、文明离校。

第一节 找工作，防骗要当先

毕业季,许多毕业生们即将走入社会,准备踏入职场。然而,一些骗子却盯上了他们,他们利用毕业生就业心切、经验不足,设下了一系列陷阱,给大学生的人身、财产安全造成极大的危害。

一、求职中常见的五类陷阱

案例1

大学毕业生李某,在人才交流市场,与某家公司达成就业协议。但李某了解到,进这家公司,每人要收取200元的服装保证金,用于制作工作服,离开公司的时候,200元可以原封退还。1个月后,李某按照公司的约定来到公司的办公地点参加培训,但却发现,该公司早已经人去楼空,才知自己已经上当受骗。据了解,在这起诈骗案中,有150多名求职者上当受骗,其中大多数都是刚刚毕业的大学生。

案例剖析

不法分子往往巧立名目以服装费、培训费、押金、手续费等名义向应聘者收取钱款,应聘者交费后,"招工者"便人去楼空。毕业生们初入职场,经验不足,缺乏防范意识,往往难以识破。

案例2

张某,某高校美术专业的毕业生,接到朋友周某从广州打来电话,希望他来公司工作。张某来到广州后,周某让他签订了一份合同书,并让他要交押金3000元,并承诺如辞职离开公司,押金随时如数退还,张某交纳了3000元押金。当天下午,周某就带3人开始岗前"培训"。"培训"主要是讲怎样赚钱,怎样暴富和赚钱要不择手段以及"发展下线、金字塔"理论等。经过几天"培训""洗脑"后,公司让他"上班"就是打电话、动员想找工作的人来"工作"。

案例3

来自山东农村的大学生李某是东北某大学一名大学生,通过BOSS直聘发简历找工作,最终接到天津一家公司的录用通知,蹊跷死亡。2017年7月14日,李某的尸体在天津静海区被发现,警方调查发现其是在求职中被骗入传销组织而后身亡。

李某深陷传销组织至身亡过程:

5月15日,李某在招聘平台上发送简历。

5月19日,收到聘用通知函。

5月20日,从北京前往天津入职。

7月8日,给母亲打最后一个电话说:"谁打电话要钱你们都别给"。

7月14日,尸体在天津被发现。

案例剖析

学生群体,一直都是传销组织瞄准的对象,特别是像李某这样,刚毕业又急于找工作的毕业生。随着网络发展,传销组织的传销手段也是在不断变化,近年来利用就业找工作被骗入传销组织的案件频发,李某案再次给大家敲响了警钟,求职过程中要时刻保持警惕,掌握辨别招聘陷阱的能力,不要被高薪资冲昏了头脑。

案例4

大学毕业生王某,由于急于找到工作,没来得及仔细推敲合同里的条款,结果不但失去了这份工作还付了一笔违约金。据其称,他与公司签合同时还未毕业,但公司要求其进入实习期。在4个月的实习期里他卖力地工作,却只能得到300多元钱的"实习工资"。实习结束后,他以为工作已经敲定,打算回学校修完剩下的一些课程,9月再回到公司正式上班。但当他向公司请假时,公司却以合同中"工作前两年不得连续请假一周以上"的条款为由,认定王某违约,索要违约金。王某只好交了2000元的违约金。

求职中可能会遇到各式各样的"陷阱",常见的有五类陷阱:

1. 巧立名目乱收费

求职面试后,招工者以服装费、体检费、培训费、保险费、押金、手续费等名义向应聘者收取钱款。应聘者交费后,招工者要么迅速脱身,要么找借口不给安排工作,钱财积累到一定阶段便人去楼空。

2. 只"试用"不聘用

有的单位为了降低用人成本,在公司业务特别繁忙的时候大量招聘低成本的应届毕业生。等试用期结束,便以各种理由不通过试用或解聘。有些单位,在实习试用期间,不仅不支付任何薪资,甚至要求交培训费。

3. 借招聘骗取个人信息

很多贩卖个人信息的中介公司,为了获得更多更精准的信息,往往会在网上发布虚假招聘信息,吸引求职者前来,从而获得求职者的个人信息。

4. 受骗进入传销组织

传销公司一般先安排学生以销售人员的名义上岗工作,然后公司让学生交纳一定的提货款,再让学生去哄骗他人。有的同学在高回扣的诱饵下,甚至去欺骗自己的同学、朋友、亲人。上当之后又往往骑虎难下,最终只得自己白搭上一笔钱。网络时代的传销骗局也是在不断变化,但"拉人头""发展下线""轻松赚大钱"的噱头和本质还是没有变。

5. 劳动合同里藏着猫腻

劳动合同不能随便签,比如,口头用工的合同,有抵押或者担保的合同,附加不合理条款的合同都不能签。一些看似很诱人的工作岗位往往在劳动合同里隐藏了许多不合理的条款。

二、求职中的安全应对策略

求职大潮风起浪涌,既蕴含着无数机遇,又隐藏着险滩暗礁,毕业生只有牢牢记好求职安全带,不断增强安全防范意识,才能一帆风顺,找到自己满意的工作岗位。

求职过程中,求职者要时刻保持警惕,掌握辨别招聘陷阱的能力。

1. 从正规渠道获取招聘信息,不要被高薪资冲昏了头脑

(1)要通过正规途径获取就业信息,如学校、当地教育、人事等政府部门举办的招聘会、发布的招聘信息。

(2)通过求职网上获取的招聘信息,要注意甄别真假,投递简历前应充分了解用人单位的情况,必要时可向当地人才服务机构核实。企业资质也可通过工商部门企业信用信息网查询。

2. 面试过程中,要时刻保持安全的警惕性

(1)当前往面试的第一天或职前培训的前几天,要留意该单位是否继续隐瞒工作性质及业务性质。对过分强调“形象与容貌”、提供“薪金过高”(如月薪数万)的求职信息,一定要格外小心。

(2)面试地点偏僻、隐秘或是转换面试地点的状况,或是要求夜间面试者,皆应加倍小心。面谈地点不宜太隐秘,过于隐秘的地点不要去。

(3)进行面试的过程中,如果遇到用人单位要您交保证金或其他培训费用(如报名费、训练费、材料费等)时,一定要慎重,千万不要为了保住工作而盲目交费。

(4)面试前后随时与学校辅导员、同学、家长保持联系,并告知面试场所地址及电话号码。要求提供亲友名单,身份证号码(复印件)均可能有诈财之患,要注意避免!

(5)看到一些编辑粗糙,内容不完整的招聘信息,不要盲目参加应聘,更不要随意发放自己的简历。

3. 了解一些必要的劳动法规,学会用法律保护自己

(1)根据相关法律规定,招聘单位录用员工应与劳动者订立的是劳动合同,不是产品推销协议。毕业生要提高警惕,不要去签订以推广、促销为名的民事协议,更不要盲

目签字,随意交钱。一旦上当受骗,可向当地劳动保障监察部门或公安部门报警,寻求法律保护。

(2)与用人单位签订就业协议时,应就协议中的条款内容与单位进行充分沟通,明确之后再填写清楚。

(3)一旦不小心掉入求职陷阱,更要在确保自身人身安全的情况下,择机报警求助。

第二节　毕业季:合理宣泄情感,文明离校

毕业季,大学生即将离开校园步入社会,心理上既有恐惧也有不舍,面对这种十分复杂的情绪,大学生要妥善处理,亦可寻求帮助,与父母沟通、和老师同学交流,或者找心理咨询师疏导,找到一个合适的情感宣泄渠道。

毕业季里的适度宣泄可以理解,但不宜过度,甚至做出违反法律法规、校纪校规的事情。或许,同学们更需要的,是一起去做一件有意义的事,是一起坐下来畅谈那些年的趣事,是一起畅想美好的未来,以最清醒的姿态走向前程。

案例1

2014年6月8日下午,湘潭某高校毕业生小华(化名),参加了毕业聚餐。席间,不胜酒力的他为了这场"最后的相聚",连续喝下一瓶半啤酒。6月9日0时30分,小华被室友抬回宿舍,上床休息,之后就再也没有醒来。经法医鉴定,小华本身对酒精过敏,因当日饮酒过量、过猛导致了酒精中毒而猝死。

案例2

2015年6月25日,兰州某高校,几个即将毕业的男同学在一起喝酒。其间一名学

生小涛因言语不和与其他同学发生冲突,小涛头部被啤酒瓶多次击打,流血不止,后被送往医院医治无效死亡。事发时,小涛已经办理了所有的毕业手续,准备第二天离校,却不想遭此横祸。而等待打人学生的,则是法律的制裁。

案例剖析

高校学子在毕业离校阶段和毕业聚会上应理性道别,切莫酗酒,引发肢体冲突,如果伤人过重,触犯有关法律条规,轻则可能延缓毕业,重则接受法律制裁。

【相关法条】

《刑法》第十八条规定:醉酒的人犯罪,应当负刑事责任。第二百三十三条规定:过失致人死亡的,处三年以上七年以下有期徒刑;情节较轻的,处三年以下有期徒刑。

案例1

2015年6月,西部地区某高校学生陈某在毕业季与男友李某分手,情绪低落难以走出分手阴影,在宿舍里焚烧前男友信件等物品,因火焰大未有效控制,点燃了蚊帐,引起火灾,所幸无人员伤亡,造成损失近5000元。

案例剖析

高校宿舍里严禁烟火,在宿舍或走廊内焚烧信件和杂物是非常危险的,宿舍内布局密集,易燃物品较多,极易引发火灾,造成惨重的损失。

案例2

2017年毕业季,西安某高校学生李某和女友王某分手,分手后与王某同获保研本校资格的同学黄某向王某表示好感,5月26日,李某发现王某与黄某在一起,与黄某发生激烈的肢体冲突,先后在教室及餐厅内发生互殴,双方均有受伤情况。5月28日,现场视频被学生上传到社交网络上,给学校声誉造成了不良影响。后学校给予两名学生不同程度的校纪处分。

■ **案例剖析**

毕业季又被称为"分手季",因为就业、升学等原因不少校园情侣选择分手,因分手引发的情感冲突案件屡见不鲜。同学们应该冷静对待毕业分手,沟通交流,妥善处理,切不可采取过激方式或其他不正当手段,防止矛盾激化引发恶性事件。

案例3

近年来,不少高校毕业生在"毕业季"以种种夸张的行为宣告离校,有些同学把书、床单、杂物扔得满地都是,还有的把热水壶都给砸碎了。某高校毕业生小梁说,发泄的气氛很浓,自己也把很多书本撕了,感觉挺痛快。一些坦承参与"宣泄"的学生们表示,这种行为似乎很有感染力,"撕扯书本、摔碎暖瓶的瞬间,自己如同醉酒,畅快淋漓。"

■ **案例剖析**

近年来,毕业季宣泄现象多发,不少学生甚至做出烧书本、砸暖水瓶等过激行为,也极易引起事故。毕业季,大学生即将离开校园步入社会,内心情绪十分复杂,适度宣泄可以理解,但不宜过度,必须在校规校纪允许的范围内进行,毕业生除了寻找合理的宣泄方式外更重要的是应该为步入社会走上工作岗位做好准备,完成向社会的平稳过渡。

毕业季安全文明离校应该做到以下几点:

1. 遵规守纪,安全离校

离校前要严格遵守学校的规章制度,不打架,不酗酒滋事,不赌博。聚会一定有所节制,适可而止,切忌过量饮酒,酿成祸端。不毁坏、打砸物品,防止意外伤人。

2. 严禁烟火,勿忘消防

离校前要遵守学校消防制度和宿舍管理办法,不要在宿舍内吸烟,妥善处置私人信件等物品,严禁在宿舍内焚烧日记和信件等。

3. 爱护设施,文明离校

一花一木皆是情,都是母校记忆的留存。离校前请爱护校园的一草一木、一砖一瓦、一桌一凳,保证学校公共设施完好无损,并保持寝室干净整洁,为自己的大学生活画上圆满的句号。

4. 毕业旅行,安全为先

一些同学选择通过一场说走就走的旅行来告别大学,选择毕业旅行的同学,一定要乘坐安全的交通工具,安全出行;夏季强对流天气多发,在旅行期间要及时关注天气变化;旅行期间要选择正规酒店住宿并注意饮食安全。

5. 调节情绪,理性离校

调节、保持良好的情绪状态,提高承受挫折与压力的能力。学会调节和保持良好的情绪状态,欣然承受挫折与压力,保持乐观向上的心态迎接下一阶段的生活。如需心理咨询援助,主动联系班主任、辅导员或者学校心理咨询老师。

6. 情感纠纷,妥善处置

妥善处理在校期间的各种矛盾纠纷或感情纠葛,珍惜几年来的同窗之谊,遇事冷静,不说过头话,不办过头事,避免采取过激方式或其他不正当手段,防止矛盾激化造成恶果。

参考文献

［1］林月丹,冯涛,廖新辉.大学新生入学与安全教育教程［M］.天津:南开大学出版社,2015.

［2］陈日文.大学新生安全教程［M］.北京:高等教育出版社,2014.

［3］耿宗科,高清波.大学新生 绷紧安全这根弦［J］.考试与招生,2018(C1):147-148.

［4］况亚勇.大学新生安全教育意识的培养与实施［J］.产业与科技论坛,2019,18(12):186-187.

［5］庞金凤.从徐玉玉案浅析电信诈骗侦查困境与对策［J］.湖北科技学院学报,2017,37(1):13-17.

［6］李大光.国家安全［M］.北京:中国言实出版社,2016.11.

［7］吴跃东.大学生国家安全观教育影响因素分析［J］.当代青年研究,2019,4:39-45.

［8］于航.总体国家安全观视域下大学生国家安全意识教育研究［D］.长春:东北师范大学,2019.

［9］燕东,张一男.大学生国家安全教育现状及机制研究［J］.社会科学前沿,2020,9(4):443-451.

［10］曹晓飞.大学生总体国家安全观教育的战略意义及实现路径［J］.思想理论教育导刊,2018,2:125-129.

［11］焦雨梅,穆长征.大学生安全教育［M］.北京:航空工业出版社,2018.

［12］中国高等教育学会保卫学专业委员会.大学生安全教程［M］.武汉:武汉大学出版社,2015.

[13] 邹礼均.大学生安全教育与管理[M].重庆:重庆大学出版社,2018.

[14] 徐淼.高校学生内部盗窃案件的特点及防范[J].求知导刊,2015,11:94-95.

[15] 闫昌凤,马文剑.高校公寓盗窃案件的形成原因及对策研究[J].管理学家,2014,
   2:231.

[16] 孙斯嘉.浅析高校校园诈骗原因及预防建议[J].科教导刊,2017,20:26-27.

[17] 胡向阳,刘祥伟,彭魏.电信诈骗犯罪防控对策研究[J].中国人民公安大学学报
   (社会科学版),2010,26(5):90-98.

[18] 郑晓英,李力.运用法律手段严厉整治"校园贷"[J].人民论坛,2020,C1:134
   -135.

[19] 李永升,李晓."校园贷"侵犯高校学生合法权益的刑法规制[J].重庆社会科学,
   2019,1:63-72.

[20] 李卉.高校"校园贷"风险防范研究[J].学校党建与思想教育,2019,22:68-69.

[21] 邵文龙.大学生与高校纠纷化解思路探究[J].教育评论,2016,4:76-78.

[22] 韩宇.新时代大学生人际交往问题研究[D].石家庄:河北师范大学,2020.

[23] 俞来德.论大学生矛盾纠纷及源头预防[J].上饶师范学院学报,2012,1:95-99.

[24] 张文林,叶丽冬,廖娟,等.浅析当代大学校园暴力的现状与影响因素[J].科技
   广场,2017,9:127-130.

[25] 王云彪 等.公办高校校园安全法律问题研究[M].湖北科学技术出版社:武
   汉,2014.

[26] 范立华.大学生校园安全防范[M].上海人民出版社:上海,2017.

[27] 任飞,吴迪.大学生群体对校园性骚扰的认知调查研究[J].校园心理,2019,17
   (6):439-440.

[28] 沈琳洁,田雅馨.大学生作为社会公众对性侵预防教育的看法[J].各界,2019,
   10:133.

[29] 袁翠清.被骗入传销组织大学生权益保护研究[J].山西大同大学学报(社会科学
   版),2019,33(1):10-14.

[30] 张军.大学生理性认知传销及传销防范体系构筑研究[J].科技视界,2019,18:116
    -117.

[31] 邹海欧,林梦,李越.北京市大学生新型毒品相关知识态度与尝试情况[J].中国
    学校卫生,2017,38(7):997-999.

[32] 赵忠诚,王新建,刘贻杰.大学生毒品预防教育知识读本[M].北京:中国书籍出
    版社,2018.

[33] 孟牒,姚浩伟,韦飞祥,等.大学生交通安全认知现状评价与预警机制研究[J].
    科技通报,2016,9:229-232.

[34] 郭健.构建大学生户外运动安全保障体系研究[J].体育世界(学术版),2018,6:
    128-129.

[35] 黄兆凡.浅析新时期大学生参与校园体育运动安全事故原因[J].体育时
    空,2017.

[36] 方正.高等学校消防安全管理[M].武汉:武汉大学出版社,2019.

[37] 陈彬.高校消防安全评价及学生宿舍的防火措施探讨[J].城市建筑,2017,2:181.

[38] 姚望.高校消防安全工作现状分析及防火对策[J].消防界(电子版),2020,1:67
    -68.

[39] 李宗泽.大学生宿舍消防安全管理探究[J].今日消防,2019,12:27-29.

[40] 杨雪,刘德明,丁若莹.高校实验室消防安全管理存在的问题与对策[J].实验室
    研究与探索,2018,37(11):307-310.

[41] 李艳林,杨璟,殷松琴,等.大学生寒假打工现状的研究及对策分析[J].世纪之
    星(交流版),2017,10.

[42] 梁代杰.论在校大学生打工权益的法律保护[D].北京:对外经济贸易大学,2016.

[43] 贾佳,郭威,胡智慧,等.大学生兼职的安全问题及解决对策[J].智库时代,
    2020,8:166-167.

[44] 孙德龙.大学生校外兼职安全[J].中小企业管理与科技(下旬刊),2015,9:205.

[45] 尚博,田甜,任鑫旺,等.当代大学生旅游安全意识调查报告[J].当代旅游,

2019,3:75.

[46] 罗建晖,杨子强.重大公共卫生事件中的高校学生工作[M].北京:中国人民大学出版社,2020.

[47] 张晓玲.突发公共卫生事件的应对及管理[M].成都:四川大学出版社,2017.

[48] 赵成珍,梁循,王军礼.传染病类突发公共卫生事件风险评估与应对[J].中国流通经济,2020,34(5):84-94.

[49] 曹婷,孙妍,王琳,等.大学生暴力恐怖事件认知与应对情况的调查分析[J].健康教育与健康促进,2015,3:192-196.

[50] 国家安全生产监督管理总局信息研究院.反恐防暴应急常识[M].北京:应急管理出版社,2020.

[51] 屈智勇,郭帅,张维军,等.实施科学对我国心理健康服务体系建设的启示[J].北京师范大学学报(社会科学版),2017(2):29-36.

[52] 廖友国,林木明,何伟.近二十年中国大学生心理研究的科学知识图谱——基于CiteSpace V 的可视化分析[J].西南大学学报(社会科学版),2018(2):94-103.

[53] 翟德春,李敏,朱巧玲,周旭松.大学新生适应障碍成因及应对措施[J].沈阳医学院学报,2004,6(3):185-187.

[54] 张雅君,宋振韶.当代大学生人际关系障碍的研究[J].北京电子科技学院学报,2017,25(1):56-60.

[55] 孙华峰,鲍丙刚.大学生人际交往障碍、形成原因及对策浅析[J].安徽理工大学学报(社会科学版),2004,6(1):87-89.

[56] 张莹.大学生常见心理困惑及应对策略[J].心理月刊,2020(6):17-18.

[57] 冯方."键盘侠"现象的透视及引导 ——基于 20 名在校大学生访谈的梳理分析[J].中国青年研究,2019,10:91-97.

[58] 骆郁廷,骆虹.论大学生网络谣言辨识力的提升[J].思想理论教育,2020,3:73-79.

[59] 张飞,张水莲.网络谣言在青年大学生中传播的现状分析[J].现代信息科技,

2020,4(5):189-193.

[60] 明媚.网络虚假信息对大学生社会信任的影响研究:以 K 大学为例[D].北京:北京科技大学,2012.

[61] 申琦.自我表露与社交网络隐私保护行为研究:以上海市大学生的微信移动社交应用(APP)为例[J].新闻与传播研究,2015,22(4):5-17.

[62] 申琦.中国网民网络信息隐私认知与隐私保护行为研究[M].上海:复旦大学出版社,2015.8.

[63] 曾弦.大学毕业生就业安全意识的缺失与解决措施探究[J].智库时代,2019,9:119-121.

[64] 曹慧.生涯发展视角下的高校毕业生就业安全对策探索[J].产业与科技论坛,2020,19(4):270-271.

[65] 贺丽,黄琦蔚,陈燕燕,等.新形势下大学生就业安全教育现状及对策研究[J].就业与保障,2020,7:186-187.

[66] 丁桂英,吴晓晴.高校毕业生文明离校工作模式实践与探索[J].金华职业技术学院学报,2017,17(5):9-13.